Wacker

DAS EINFACHSTE BASENFASTEN-BUCH ALLER ZEITEN

Liebe Leserin, lieber Leser,

Sie halten ein Buch mit der Kennzeichnung »Das Original von TRIAS« in den Händen – und fragen sich vielleicht, was das bedeutet? Der TRIAS Verlag legt großen Wert darauf, gemeinsam mit seinen Autorinnen und Autoren »Original-Methoden« zu entwickeln, die einzigartig sind und die von uns erstmals publiziert werden. Unsere Autorinnen und Autoren arbeiten kontinuierlich an diesen speziell für unseren Verlag entwickelten Inhalten und der Erweiterung dieser »Original-Methode«. Mit unseren »Original-Methoden«-Büchern liegen Sie immer richtig – es sind allesamt Erfolgstitel im TRIAS Programm. Für das Vertrauen, das Sie uns schenken, bedanken wir uns bei dieser Gelegenheit sehr herzlich.

Ihr TRIAS Team

Sabine Wacker ist die Frau hinter der Erfolgsmethode Basenfasten – die wacker-methode®. Als Heilpraktikerin mit Medizinstudium und erstem Staatsexamen hat sie vor über 20 Jahren das Basenfasten entwickelt, mit dem Ziel, Menschen eine basische, pflanzliche Ernährung näherzubringen. Mittlerweile hat sie unzählige Basenfasten-Berater ausgebildet, 30 Bücher verfasst und eine eigene Praxis in Mannheim geführt. Seit 2014 hat sie zusammen mit ihrem Sohn Matteo das Basenfasten-Hotelkonzept entwickelt und so Basenfasten in zahlreichen zertifizierten Hotels etabliert. Die beiden betreiben auch einen 100 % basischen Onlineshop und entwickeln ständig neue Produkte für den basischen Alltag, natürlich in Bioqualität. Besonders freut sie sich, dass ihre Methode mittlerweile zum wissenschaftlichen Kreis der etablierten Fastenmethoden gehört.

Sabine Wacker

DAS EINFACHSTE BASENFASTEN-BUCH ALLER ZEITEN

TRIAS

Das Rezept zum Coverfoto finden Sie auf Seite 110.

ZITRONEN
schmecken zwar sauer, wirken aber basisch!

Sooooo....

EINFACH!

 +  + 

= 

WILLKOMMEN BEIM BASENFASTEN!

Basenfasten ist so einfach – das Fasten mit Obst und Gemüse. Und jetzt kommt noch ein Buch: »Das einfachste Basenfasten-Buch aller Zeiten«. Wie geht es denn noch einfacher? Seit ich 1997 Basenfasten entwickelt hatte, ging es mir vor allem darum, meinen Leserinnen zu zeigen, wie grenzenlos vielfältig die Obst- und Gemüsewelt ist. Und dann darf man beim Basenfasten auch noch Kerne, Samen, Nüsse, Keimlinge und die gesamte Palette der naturbelassenen Öle verwenden. Und gab es anfangs noch recht wenige Rezepte, so haben meine Assistentin Nicole und ich in den vergangenen Jahren weit über tausend Rezepte entwickelt, denn der Kreativität sind kaum Grenzen gesetzt. Über 500 davon finden sich allein in unserem Blog. Und wenn wir uns in der basischen Küche austoben, kommen immer köstliche Kreationen dabei heraus.

In diesem Buch geht es nun darum, all die positiven Auswirkungen des Basenfastens auch ohne die vielen ungewöhnlichen und exotischen basischen Lebensmittel dieser Welt zu erleben und bei den einheimischen aus dem Vollen zu schöpfen. Nicole und ich haben diese Herausforderung gern angenommen und eine sehr überschaubare Einkaufsliste erstellt – die Rezepte dazu sind umso kreativer. Ein wunderbares Buch, um mal ganz einfach ins Basenfasten hineinzuschnuppern!

Lassen Sie sich überraschen!

Sabine Wacker

BASENFASTEN KANN SO EINFACH SEIN

Beim Basenfasten dreht sich alles ums Essen, und das, obwohl das Wort »fasten« drinsteckt. Das ist grandios, denn es heißt essen, satt werden und genießen. Kein Wunder, dass die von mir 1997 entwickelte Methode längst eine große Fangemeinde hat und inzwischen auch aus den Kinderschuhen herausgewachsen ist. Von »einfach« bis »raffiniert« ist da alles dabei. Da sind dann schon auch mal exotische Lebensmittel dazugekommen. In diesem Buch aber haben wir uns auf die wichtigsten basischen Lebensmittel konzentriert, auf die, die meiner Ansicht nach beim Basenfasten einen besonderen gesundheitlichen Benefit bringen.

Doch natürlich ist Basenfasten mehr als das Essen von Obst und Gemüse. Es geht darum, sein Bauchgefühl neu zu entdecken, wieder auf den »Geschmack« echter Lebensmittel zu kommen und damit ein neues Ernährungsbewusstsein zu entwickeln. Und damit die Basenfastenzeit zu einem Wohlfühlerlebnis wird und auch nachhaltige Wirkung entfalten kann, gilt es einige Erfolgsregeln zu beachten. Und da wären dann noch die 7 Basics, die Basenfasten zu einem Wohlfühlprogramm für Körper, Geist und Seele machen.

DIE 7 BASICS DES BASENFASTENS

Beim Basenfastenprogramm geht es neben dem basischen Essen auch um das richtige Trinken, um Bewegung, Entspannung, um die richtige Haltung dazu und vor allem um Genuss.

Die richtige Motivation macht's

Das kennen wir doch alle: Wir wissen, wir sollten mal an unseren Ernährungsgewohnheiten arbeiten, doch so richtig bekommen wir den Kick nicht. Was fehlt, ist die richtige Motivation. Ohne die geht gar nichts. Das ist wie bei der Gewichtsabnahme – manchen Menschen fällt sie leichter, anderen schwerer. Obwohl sie bei Basenfasten eher ein Nebeneffekt ist, eignet sie sich hier bestens als Motivation. Wie viele Kilos sollen es sein? Bitte nicht übertreiben, sondern ein realistisches Ziel ins Auge fassen: beispielsweise 2 Kilo in einer Woche. Ein wunderbarer Ansporn ist auch: Ich fühle mich einfach rundum wohler mit basischem Essen. Entscheidend ist, dass Sie es wollen und nicht Ihr Partner. Bitte überreden auch Sie weder Partner noch Freunde dazu – nur wenn jemand es selbst will, hält die Motivation an.

Auf den Teller kommt nur zu 100 % Basisches

Basenfasten kennt keine Kompromisse – es ist zu 100 % basisch. Es werden damit ausschließlich Lebensmittel und Getränke verwendet, die basisch verstoffwechselt werden. Das sind im Wesentlichen die meisten Obst- und Gemüsesorten der Saison, Kräuter, Keimlinge, viele Nüsse und Saaten, und auch die neutral wirkenden naturbelassenen Öle bereichern die basischen Menüs:

- die meisten Obst- und Gemüsesorten – außer Artischocken, Spargel und Rosenkohl
- Salate
- Pilze
- Kartoffeln, Süßkartoffeln
- Kräuter und Gewürze außer Knoblauch und Bärlauch
- Keimlinge
- die meisten Nüsse (Seite 21)
- Kerne & Samen
- ungeschwefelte Trockenfrüchte

Basenfasten ist übrigens nicht zu verwechseln mit basischer Ernährung – da dürfen auch mal einige Säurebildner auf den Tisch. Das sind alle tierischen Produkte wie Fleisch, Wurst, Fisch sowie alle Milchprodukte. Auch Hülsenfrüchte und Getreide werden sauer verstoffwechselt, es sei denn, sie sind gekeimt. Dann eignen sie sich auch fürs Basenfasten.

Basisch mit Genuss

Unsere alten Gewohnheiten legen wir nur gern ab, wenn die neuen uns gefallen, und wenn es um die Essgewohnheiten geht, dann muss es in erster Linie gut schmecken. Deshalb steht bei Basenfasten der Genuss schon immer im Vordergrund. Zur Philosophie von Basenfasten gehört, dass es zu einem 100 %igen Genuss- und Geschmackserlebnis wird. Nur was schmeckt, bleibt auch in guter Erinnerung. Unzählige Inspirationen dazu gibt es in unserem Blog und in unseren Büchern.

Das richtige Trinken

Dieses Basic ist deshalb wichtig, weil Wasser den Stoffwechsel ankurbelt und somit die Gewichtsabnahme erleichtert. Als Trinkmenge empfehle ich während einer Basenfastenkur 2,5–3 Liter täglich.

Als Getränke kommen infrage:

- Quellwasser ohne Kohlensäurezusatz, heiß oder kalt
- morgens und mittags Ingwertee aus frischem Ingwer
- verdünnte Kräutertees

Was ist verdünnter Kräutertee? Dazu nehme ich einen Beutel Tee auf 1 Liter Wasser. Wichtig ist, dass die Tees keine Früchte, keine Aromastoffe, keinen Rooibos und keinen schwarzen, grünen oder Matetee enthalten. Bei den Getränken sind Kaffee, Schwarztee, Grüntee, Matetee, Limonaden und Alkohol tabu.

Sauberer Darm

Wie beim Fasten, so wird üblicherweise auch beim Basenfasten der Darm gereinigt – idealerweise 2- bis 3-mal pro Woche. Ich empfehle es auch dann, wenn Sie bislang täglich Stuhlgang haben. Die Umgewöhnung auf die rein basische und sehr ballaststoffreiche Kost kann den Darm anfangs über Gebühr beschäftigen und zu Blähungen führen – Darmreinigung hilft dem Darm bei der Umstellung auf die basische Kost. Ich empfehle dazu einen Einlauf mit einem Irrigator, den Sie in Apotheken, Sanitätshäusern und Onlineshops bekommen. Diese Methode ziehe ich dem sonst üblichen Glauber- oder Bittersalz vor, denn beim Einlauf bestimmen Sie den Zeitpunkt Ihrer Darmreinigung. Es geht auch sehr schnell. Wenn Sie beispielsweise für den 1. Basenfastentag einen Einlauf planen, dann wissen Sie genau, dass sich Ihr Darm im Laufe der nächsten Stunde mithilfe des Wassers entleert. Nach der Reinigung fühlt sich der Darm angenehm leicht an.

Bewegt sein

Schon klar, bewegen sollte man sich immer, nicht nur bei Basenfasten, das ist ein Basic für das ganze Leben. Aber da es so oft unter den Tisch fällt, bietet Basenfasten eine gute Gelegenheit, sich wieder ein Bewegungsprogramm anzugewöhnen – mindestens 45 Min. täglich sollten es schon sein. Drehen Sie eine große Joggingrunde durch den Wald oder durch den nächstgelegenen Park, unternehmen Sie eine Wanderung oder eine kleine Radtour, gehen Sie schwimmen oder tanzen Sie zu Hause eine Runde ab. Auch Nordic Walking oder ein Gymnastikprogramm zu Hause sind empfehlenswert. Wichtig ist, dass Sie in Bewegung sind.

Relax-Programm

Rhythmus ist eine der wichtigsten Lebensgrundlagen und Voraussetzung für

Gesundheit und Wohlbefinden. Unser Organismus steckt voller Rhythmen. Besonders der Schlaf-wach-Rhythmus ist einer der grundlegenden Pfeiler für eine gesunde Lebensweise. Dasselbe gilt für den Rhythmus von Aktivitäts- und Ruhephasen. Daher gehören ausreichend Schlaf – mindestens acht Stunden – sowie ein Entspannungsprogramm zum Basenfasten. Erholsamer und ausreichender Schlaf stärkt übrigens auch das Immunsystem.

Doch nicht nur Schlaf schafft Entspannung, auch Yoga und Meditation sind, täglich praktiziert, sehr wirksame Entspannungsmethoden. Nie Zeit dafür gehabt? Jetzt ist eine prima Gelegenheit, sich damit zu beschäftigen. Im Internet gibt es zahlreiche gute Anleitungen dazu. Gerade am Abend helfen Entspannungsprogramme, den Alltag loszulassen. Auch ein Basenbad vor dem Schlafengehen sorgt fürs Runterkommen und für das Wohlfühlgefühl.

DIE 10 ERFOLGSREGELN

Gedankenlos Obst und Gemüse in sich hineinstopfen ist etwas, das Sie sich lieber gar nicht erst angewöhnen sollten. Die Beachtung unserer Erfolgsregeln macht Sie achtsamer für Ihren Körper und für Ihre Bedürfnisse und stärkt Ihr Wohlbefinden auch nach der Basenfastenwoche.

Regel 1: Rohkost – sofern Sie sie vertragen Bei Verwendung von frischem Obst und Gemüse aus biologischem Anbau bleiben die Nährstoffe, speziell die Vitamine, erhalten. Beim Erhitzen, auch bei schonendem, gehen immer auch Nährstoffe verloren. Doch so gesund Rohkost auch ist, die Erfahrungen zeigen uns, dass längst nicht mehr jeder ungekochtes Gemüse und Obst gut verdauen kann. Unser Verdauungssystem ist durch ausgemahlenes, raffiniertes und vorgekochtes Essen verweichlicht, sodass es Rohkost oft nicht mehr verarbeiten kann.

Wenn Sie einen empfindlichen Darm, Lebensmittelallergien oder Unverträglichkeiten haben, sollten Sie mit Rohkost vorsichtig sein. Es ist immer besser, Sie essen das, was Ihr Verdauungsapparat im Moment auch wirklich verarbeiten kann, als etwas, das Ihnen Schmerzen oder andere Probleme bereitet.

Die gute Nachricht: Bereits nach 1 Woche Basenfasten und anschließender Ernährungsumstellung erleben viele Menschen, dass sie Rohkost wieder besser vertragen.

Regel 2: Rohkost nur bis mittags Auch wenn Rohkost für Sie bekömmlich ist: Nach 14 Uhr ist Schluss damit. Denn Obst und rohes Gemüse sind dann schwerer verdaulich und belasten den Stoffwechsel nur unnötig. Da wir Obst aber am liebsten roh essen, eignet es sich wunderbar für das Frühstück – als basisches Müsli. Ein Rohkostsalat passt zum Mittagessen und abends gibt es gekochtes Gemüse oder eine leckere Gemüsesuppe. Vermeiden Sie es auch, Rohkost nach einer gekochten Kost zu essen. Rohkost, vor allem Obst, und Gekochtes werden nämlich unterschiedlich lange verdaut und es kann deshalb leicht zu Blähungen kommen. Vor allem Obst, nach einer warmen Mahlzeit gegessen, führt gern zu Gärungen und dadurch zur Gasbildung, die wir als Blähung kennen. Oft habe ich erlebt, dass Patienten davon überzeugt waren, von Obst generell Blähungen zu bekommen, bis sie merkten, dass dies nur dann der Fall war, wenn sie Obst am Nachmittag oder am Abend gegessen hatten. Salat aus Rohkost am Abend belastet zudem die Stoffwechselarbeit der Leber, die in der Nacht besonders aktiv ist.

Regel 3: Frühes Abendessen Je früher Sie abends essen, umso mehr freut sich Ihr Stoffwechsel, weil er mehr Zeit für die nächtlichen Umbauarbeiten hat. Gerade die Leber ist in der Nacht besonders fleißig. Doch auch andere Entgiftungsorgane arbeiten am Abend und in der Nacht am intensivsten. Spätes und schwer verdauliches Essen behindert die allnächtliche Entgiftung und Entsäuerung des Organismus. Wer seine Leber nachts mit zu viel Essen und mit zu viel Saurem beschäftigt, verlangsamt dadurch die Arbeit des Stoffwechsels und kann so unbrauchbare Stoffwechselendprodukte schlechter loswerden – das heißt, er lagert mehr ein. Auch ist längst nachgewiesen, dass spätes Essen dick macht und man schlechter schläft. Durch frühes Abendessen wird somit die nächtliche Essenspause, das nächtliche Fasten, verlängert, damit die Stoffwechselfabrik auf Hochtouren laufen kann. Übrigens: Wer diese Regel beachtet und sein Frühstück morgens auf 9 oder gar 10 Uhr verschiebt, regt damit die Autophagie an – kombiniert also Intervallfasten und Basenfasten.

Regel 4: Schonende Gemüsezubereitung Gemüse wird beim Basenfasten schonend zubereitet und nicht stundenlang zerkocht oder lange gebraten. Eine naturbelassene Zubereitung erhält die Nährstoffe am besten. Die schonendste Art der Gemüsezubereitung ist das kurze Dampfgaren – der intensivere Gemüsegeschmack ist sofort erkennbar. Anbraten sollten Sie so wenig wie möglich und wenn, dann nur kurz andünsten und danach mit Wasser ablöschen. Je länger Gemüse gekocht oder gedünstet wird, umso wertloser wird es für unseren Körper. Wer keinen Gemüsedämpfer zu Hause hat, kann auch einen zusammenfaltbaren Siebeinsatz verwenden, der sich für verschiedene Kochtopfgrößen eignet. Das Saubermachen des faltbaren Einsatzes ist zwar etwas lästig, dafür kostet er nur einen Bruchteil des Dampfgarers.

Wichtig ist auch, Gemüse nicht zu lange zu wässern – auch das führt zu Vitalstoffverlusten. Und wir wollen die basischen Mineralstoffe doch bitteschön mitessen.

Regel 5: Finden Sie Ihre Wohlfühlessmenge Jetzt haben Sie die Gelegenheit, vieles, das Sie über Ihr Essverhalten vergessen oder verlernt haben, wieder neu zu erfahren. Dazu gehört auch die Wohlfühlessmenge. Lernen Sie, wieder ein Gefühl dafür zu entwickeln, wie viel Essen Sie jetzt gerade brauchen, damit Sie sich richtig wohlfühlen. Das ist übrigens der Grund, aus dem ich bei meinen Rezepten schon immer recht locker mit den Mengenangaben umgegangen bin. Ich schreibe niemandem vor, ob er 2 oder 3 Kartoffeln essen soll. Zum einen geht es mir darum, dass Sie Ihre persönliche Wohlfühlessmenge entdecken. Zum anderen hängt Ihre Essmenge auch davon ab, ob Sie abnehmen oder einfach nur entsäuern wollen. Und dann ist noch jeder

Mensch anders. Wenn Sie dieses Vorgehen als schwierig betrachten, weil Sie selbst nie »Stopp« sagen können, dann bleibt wirklich nur: Legen Sie vor der Mahlzeit Ihre Essmenge fest und geben Sie dann nur genau so viel auf den Teller. Und bitte keinen Nachschub. Doch übertreiben Sie es nicht mit der Wohlfühlessmenge. Denn auch wenn basische Kost noch so gesund sein mag – zu viel schadet immer. Die aktuellen Erkenntnisse gehen dahin, dass der Körper mit weniger Essen besser klarkommt als mit zu viel.

Und so geht es:
Essen Sie erst einmal eine kleine bis mittlere Portion und hören Sie auf, bevor Sie sich richtig satt fühlen. Das Sättigungsgefühl setzt dann meist erst nach einigen Minuten ein. Auf diese Art entlasten Sie den Stoffwechsel ebenfalls, denn auch basische Kost verlangt vom Körper Verdauungsarbeit.

Regel 6: Keine wilden Mischungen Über diese Regel freut sich Ihr Darm ganz besonders. Denn für ihn ist es viel entlastender, wenn er nicht ständig eine Vielfalt von Nahrungsangeboten bekommt. Basenfasten soll ja entlasten, und das funktioniert am besten, wenn man einfacher isst und nicht zu viel mischt. Die veganen Bowls, deren Fotos die Influencerinnen in den sozialen Medien posten, bringen viele Därme in die Schnappatmung. Das ist vergleichbar mit zig Dokumenten, die Sie gleichzeitig bearbeiten sollen. Wenn Sie immer nur 2 oder 3 Gemüsesorten wählen, dann haben Sie wesentlich mehr Geschmackserlebnis, als wenn Sie 5 oder mehr Sorten mischen. Die

Rezepte in diesem Buch kommen dieser Regel sehr entgegen.

Falls Sie eine Obst- oder Gemüsesorte nicht vertragen, fällt es Ihnen so auch leichter, das unverträgliche Lebensmittel herauszufinden. Es kann, na klar, auch hin und wieder ein Gemüsetopf oder eine Suppe mit vielen verschiedenen Gemüsesorten sein. Wenn Sie jedoch finden, eine gekochte Kartoffel allein schmecke langweilig, dann hat das meist damit zu tun, dass Sie in dieser Welt voll Salz und Überwürzung vergessen haben, wie lecker eine gekochte Kartoffel mit einigen Tropfen Öl und etwas Kräutersalz schmecken kann – vorausgesetzt Sie erwischen eine gute Kartoffelsorte. Wenn Ihr Geschmacksempfinden später wieder sensibilisiert ist, dann werden Sie auch feststellen, dass sich Ihr Ess- und Würzverhalten wieder normalisiert.

Regel 7: Dezentes Würzen Und da sind wir schon beim Würzen. Wieder auf den Geschmack

und zum eigenen Bauchgefühl kommen heißt bei vielen Menschen auch erst einmal: weniger Salz und überhaupt anders würzen. Nutzen Sie den Eigengeschmack der jeweiligen Gemüsesorte, der besonders bei schonender Zubereitung mehr hervortritt. Wenn Sie zu stark würzen, irritiert das Ihre Geschmacksnerven und lässt Sie das Gefühl für Sättigung verlieren.

Salz steht nicht an erster Stelle bei Basenfasten, denn wer es damit übertreibt, stört nachgewiesenermaßen seinen Säure-Basen-Haushalt. Daher empfehle ich Kräutersalz ohne Geschmacksverstärker wie Glutamat oder Sesamsalz (Gomasio) oder Gewürzkräuter. Frische Kräuter schmecken am intensivsten und haben darüber hinaus einen höheren Vitamingehalt. Auch frische Keimlinge dienen der Geschmacksverfeinerung und wenn Sie scharf schmeckende Sprossen wie Radieschen, Rettich, Kresse oder Rucola verwenden, können Sie damit supergesund würzen und benötigen viel weniger Salz. Die richtige Reihenfolge beim Würzen ist daher wie folgt: Zuerst frische Kräuter und Keimlinge verwenden, dann getrocknete Kräuter und erst ganz zu Schluss kommt noch etwas Kräutersalz dazu. Sie werden sehen, wie von Zauberhand ist es plötzlich viel weniger Salz, was noch nötig ist.

Regel 8: Wieder auf das Bauchgefühl hören Ein Glückspilz ist, wer so ein gutes Bauchgefühl hat, dass er immer erspüren kann, was sein Körper gerade braucht und was ihm guttut. Wer das geschafft hat und sich von allen komischen Glaubenssätzen und Essensempfehlungen lösen konnte, der ist völlig frei von Zweifeln, ob er alles richtig macht, denn sein Körper sagt es ihm. Das ist der Königsweg. Und so wie es mir darum geht, Sie wieder zu Ihrer Wohlfühlessmenge und zu Ihrem Geschmackserleben zu führen, so geht es mir auch darum, in Bezug auf die Nahrungsmittelauswahl Ihr Bauchgefühl zu aktivieren. Doch Vorsicht: Verwechseln Sie es nicht mit Gelüsten, die wir alle kennen. Lust oder Heißhunger beispielsweise auf eine vor Fett triefende Bratwurst kommt nicht aus dem Bauchgefühl. So was kommt aus unserer emotionalen Ecke, mit der unsere Ernährung mehr zu tun hat, als wir ahnen. Wenn es uns gerade schlecht geht, wir gestresst sind, dann entwickelt der Körper die seltsamsten Kompensationsmechanismen. Das ist auch okay, das gehört zu uns. Wir haben ja die Wahl, den Gelüsten nachzugeben oder nicht. Wichtig ist, dass wir erkennen, dass das eben kein gesundes Bauchgefühl ist.

Beim Entwickeln von Bauchgefühl geht es darum, dass Sie sich aus den vielen Rezepten, die es zu Basenfasten gibt, die Obst-,

Salat- und Gemüsesorten aussuchen, die Sie prinzipiell auch mögen. Gehen Sie doch mal über einen Wochenmarkt und lassen Sie sich von den schönen Salat- und Gemüseauslagen inspirieren.

Regel 9: Obst am besten nur morgens Zu groß ist die Verführung, mehr Obst zu essen, denn es schmeckt ja so köstlich. Optimal ist eine Verteilung von 20% Obst- und 80% Gemüseanteil. Da Obst als Rohkost in die erste Tageshälfte gehört, bietet sich die Obstmahlzeit für das Frühstück an. Mittags und abends ist dann Bahn frei für Gemüse. Übrigens: Im Sommer vertragen viele Menschen mehr Obst in der Nahrung als im Winter. Das mag daran liegen, dass der Stoffwechsel im Sommer generell aktiver ist und dadurch Obst leichter verdaut werden kann.

Diese Regel ist vor allem wichtig, wenn Sie einen empfindlichen Magen und Darm haben und zu Blähungen neigen – auch für alle Menschen mit Allergien und Nahrungsmittelunverträglichkeiten.

Obst enthält sehr viel Zucker, vor allem Fruchtzucker, viel Wasser und wird dadurch auch schneller durch die Verdauungswege geschleust als Gemüse. Trifft das Obst im Darm auf noch nicht verdautes Gemüse (oder im Falle von Nichtbasenfasten auf Käse, Fleisch und Wurst), dann fängt das Obst an zu gären. Diese Gärung erzeugt Blähungen, unter deren unangenehmen Auswirkungen viele Menschen leiden, speziell dann, wenn die Bakterienzusammensetzung im Darm in Unordnung ist. Man spricht dann von einer Dysbiose. Dazu kommt, dass die Leber durch das Zuviel an Fruchtzucker unnötig belastet wird.

Wichtig ist, nur reifes Obst und Gemüse zu verwenden, denn nur Ausgereiftes wird basisch verstoffwechselt. Erst wirklich ausgereiftes Obst- oder Gemüse hat seine typische Farbe und sein typisches Aroma. Wer hat das nicht schon erlebt: Man kauft Erdbeeren, beißt voller Erwartung auf das köstliche Aroma hinein und wird total enttäuscht, weil sie einfach nach nichts schmecken. Und am Ende bekommt man von unreifem Obst sogar Blähungen oder Bauchschmerzen. Versuchen Sie, die Lebensmittel möglichst dann zu essen, wenn sie gerade Saison haben. Das ist zwar noch keine Garantie dafür, dass Sie sie auch reif kaufen können, aber die Chancen dafür sind schon mal höher.

Regel 10: Langsam und gründlich kauen Wie langweilig! Das weiß doch inzwischen jeder. Und wer tut es? Die wenigsten Menschen. Da aber unser Darm keine Zähne hat und wir Magen und Darm nur mit gut Zerkautem ihre Arbeit möglich machen, bleibt uns gar nichts anderes übrig, als gut zu kauen. Keine meiner Regeln ist so schwer zu befolgen wie diese. Wir haben uns an das schnelle und hektische Essen einfach zu sehr gewöhnt. Und es liegt nicht daran, dass wir keine Zeit haben, nein, es liegt daran, welchen Raum und damit welche Bedeutung wir unserer Nahrungsaufnahme in unserem Leben geben. Nutzen Sie Ihre Basenfastenwoche, um hier ganz klar die Prioritäten zu verändern.

Denn jeder weiß: »Gut gekaut ist halb verdaut.« Die Verdauung beginnt nicht im Darm, sie beginnt im Mund. Die Zähne sind dazu da, um das weiter zu zerkleinern, was Sie bereits vorher mit dem Messer zerkleinert haben. Die Schneidezähne funktionieren dabei wie Messer und die Mahlzähne zermahlen das Kleingeschnittene so weit, dass es zusammen mit dem Speichel der Ohrspeicheldrüse und dem der Zungengrunddrüse zu einem Brei wird. Das erfordert ein wenig Geduld, denn dieser Vorgang benötigt pro Bissen mehr als die eine Sekunde, die ein Nahrungsbissen im Schnitt in einem zivilisierten Mund verweilt.

Nur mit einer guten Vorverdauung im Mund kann die Nahrung optimal verwertet werden. Sie werden spüren: Es ist richtig anstrengend, gründlich zu kauen, und dauert gefühlt ewig. Es ist so anstrengend und langwierig, dass Sie mit einer wesentlich geringeren Menge an Essen satt werden. Perfekt, wenn Sie abnehmen wollen. Daher: üben, üben, bis es zur Gewohnheit wird.

SO FUNKTIONIERT BASENFASTEN

Nehmen Sie Ihren Kalender zur Hand und suchen Sie sich eine Woche aus, in der keine Familienfeiern geplant sind und auch beruflich keine besondere Stresssituation angesagt ist. Natürlich ist man vor Überraschungen nie sicher, aber es ist sinnvoll, seine Basenfastenzeit nicht gleich in eine Zeit zu legen, in der Stress zu erwarten ist. Erstellen Sie Ihre Einkaufliste (Seite 23).

An basischen Lebensmitteln habe ich die ausgewählt, die die meisten Menschen mögen. Außerdem sind sie überwiegend saisonunabhängig und daher leicht zu beschaffen. Da in den Rezepten immer wieder die gleichen Lebensmittel vorkommen, wird verhindert, dass Sie Reste haben, die Sie nicht mehr verbrauchen können.

Wenn Sie eine Darmreinigung planen, besorgen Sie sich für den Einlauf einen Irrigator in der Apotheke und ein Basenbad und los geht es nach dem Plan (Seite 10).

Wenn Sie jetzt noch die Erfolgsregeln beachten, kann nichts mehr schiefgehen.

DAS BASENFASTENPROGRAMM

Vorbereitung

Kaffeetanten und -onkel tun gut daran, drei Tage vor Beginn mit dem Kaffeetrinken aufzuhören. Das gilt übrigens auch für Schwarztee, grünen Tee und Matetee, sogar für dunkle Schokolade, die wie Kaffee wirkt. Wenn der Speiseplan bislang sehr fleisch-, nudel- und brotlastig war, dann erleichtern Sie sich Ihren Basenfasteneinstieg enorm, wenn Sie Gemüse essen.

Speiseplan

Frühstück Ein basisches Müsli (Seite 26) der Saison.

Ein Smoothie ist dann zu empfehlen, wenn Sie morgens nicht übermäßig Hunger haben, aber auf einen kleinen Energiekick am Morgen nicht verzichten wollen.

Mittagessen Ein Rohkostsalat der Saison. Wenn Sie Rohkost nicht vertragen, passt auch eine Gemüsesuppe oder ein Gemüsegericht. Wenn Sie besonders hungrig sind und Basenfasten nicht zum Abnehmen machen, können Sie nach dem Salat noch ein Gemüsegericht essen.

Abendessen Das Abendessen soll eher leicht sein und keine schwer verdaulichen Gemüse wie Pilze und Zwiebeln enthalten, damit die Nachtruhe nicht durch Verdauungstumult gestört wird. Auch Brokkoli liegt empfindlichen Menschen am Abend zu schwer im Magen. Ideal ist eine Gemüsesuppe am frühen Abend.

Zwischenmahlzeiten Finger weg davon, wenn es irgendwie geht. Unser Magen und unser Darm sind happy, wenn sie mindestens 4 Stunden in Ruhe gelassen werden. Dazu kommt, dass Zwischenmahlzeiten wie Trockenobst, Nüsse oder Oliven echte Schwergewichte sind. Wenn der Ruf nach einem Snack zu laut wird, versuchen Sie Ihren Körper mit Wasser oder mit einem heißen Tee auszutricksen. Das funktioniert in den meisten Fällen. Wenn es doch nicht klappt, dann portionieren Sie sich die Nüsse, sonst ist ruck, zuck eine Tüte leer.

Bewegung

Ob morgens oder nach der Arbeit – jeden Tag wenigstens eine Dreiviertelstunde Bewegung bringt den Stoffwechsel auf Vordermann und macht glücklich.

Entspannung

»Früh ins Bett« ist hier die Devise. Je länger die Nachtruhe andauert, umso besser regenerieren Sie und umso leichter hat es Ihre Verdauung.

Darmreinigung

Auch wenn's schwerfällt: Wenigstens zu Beginn der Kur sollten Sie Klarschiff machen im Darm. So trifft das gesunde basische Essen auf einen leeren und gut vorbereiteten Darm. Am schnellsten und effektivsten ist hier ein Einlauf mit einem Irrigator, den es in Apotheken zu kaufen gibt. Flohsamen, Leinsamen und Trockenpflaumen regen zwar die Verdauung an, sind aber keine Darmreinigung.

ÄPFEL

BANANEN

BEEREN

ORANGEN

ERDMANDELFLOCKEN

BLATTSALATE

KEIMLINGE

NÜSSE

CHAMPIGNONS

BROKKOLI

KARTOFFELN

WURZELGEMÜSE

DIE 12 BESTEN BASISCHEN GESUNDMACHER

Äpfel Äpfel sind ein absolutes Basic-Obst bei Basenfasten. Sie sind ganzjährig verfügbar und die meisten Sorten lassen sich auch gut lagern. Und es gibt sie in so vielen verschiedenen Sorten und damit Geschmacksrichtungen, dass sie nie langweilig werden. Neben ihrer basischen Wirkung punkten sie auch gesundheitlich mit dem löslichen Ballaststoff Pektin, der hilft, Giftstoffe im Darm zu binden, damit sie wieder aus dem Körper ausgeschieden werden können. Dazu wirken sie entzündungshemmend u. a. durch die zu den sekundären Pflanzenstoffen gehörenden Flavonoide. Sie schützen nicht nur vor schädlichen Umwelteinflüssen, sondern unterstützen durch ihre enzymhemmende Eigenschaft den Organismus auch bei der Förderung körpereigener Abwehrmechanismen.

Küchentipp: Äpfel am besten in Bioqualität kaufen, denn Vitamine und sekundäre Pflanzenstoffe liegen direkt unter der Schale. Eine Untersuchung ergab, dass ein ungeschälter Apfel etwa 50 % mehr Vitamin C und Folsäure enthält als ein geschälter. Und da Vitamin C hitzeempfindlich ist, sollte der Apfel am besten roh ins Müsli oder zum Salat gepackt werden.

Bananen Auch Bananen sind ein Basic-Obst beim Basenfasten, denn sie schmecken supersüß. Fast jeder mag sie, da sie hervorragend sättigen. Ihr hoher Kaliumgehalt macht sie zudem zu einem starken Basenbildner.

Küchentipp: Bloß keine grünen oder halb reifen Bananen verwenden! Sie sollten schon spielend leicht mit der Gabel zu zerdrücken sein – erst dann sind sie wirklich reif. Der Geschmack und das typische Bananenaroma entfalten sich übrigens auch erst im Reifungsprozess, denn es sind die Vitamine, Mineralstoffe und sekundären Pflanzenstoffe, die den Geschmack geben. Und je mehr Mineralstoffe sich bilden, umso basischer wirkt die Banane.

Beeren Beeren bringen Farbe und köstlichen Geschmack ins basische Müsli am Morgen. Ende April startet die Saison mit Erdbeeren, dicht gefolgt von Himbeeren, Heidelbeeren, Brombeeren – nicht zu vergessen sind Stachelbeeren, die, wenn sie richtig reif sind, köstlich schmecken. Auch Johannisbeeren bereichern einen morgendlichen Saft. Im Juni und Juli findet man auf Wochenmärkten immer mal wieder Schwarze Johannisbeeren, die völlig zu Unrecht ein Schattendasein führen, denn knapp 60 g davon decken den Tagesbedarf an Vitamin C eines Erwachsenen. Beeren schützen zudem die Gefäße durch ihren Gehalt an Polyphenolen, die zu den sekundären Pflanzenstoffen gehören. Beeren erhalten Sie je nach Sorte von April bis in den Oktober hinein.

Küchentipp: Beeren immer nur leicht abwaschen und abtropfen lassen, da sie doch sehr empfindlich auf Druck reagieren. Gerade bei Erdbeeren darauf achten, dass sie wirklich reif und damit basisch sind. Grüne Farbe am Ansatz geht gar nicht. Beeren sollten auch stets frisch und roh verzehrt werden, denn sowohl Vitamin C als auch die antioxidativen Farbstoffe sind hitzeempfindlich.

Orangen Orangen sind zwar nicht regional, liefern uns aber, wenn sie richtig gelagert werden und frisch sind, reichlich Vitamin C. Eine mittelgroße Orange wiegt 250 g, ohne Schale sind es noch 200 g. Darin stecken 100 mg pures Vitamin C – bei Frauen wird damit der Vitamin-C-Tagesbedarf gedeckt – mit nur 1 Orange. Geschmacklich bereichern Orangen das Basenfasten enorm. Im Müsli sorgen sie dafür, dass es auch ohne Milch saftig wird, und beim Salatdressing geben sie den nötigen sauren Geschmack dazu und machen so den Essig entbehrlich.

Erdmandelflocken Erdmandelflocken gehören in das klassische basische Müsli, denn sie schmecken süß und nussig und machen satt. Sie sind reich an Ballaststoffen und helfen damit, den Blutzuckerspiegel länger stabil zu halten, wie es sonst auch Haferflocken tun. Obwohl sie Erdmandeln heißen, gehören sie nicht zu den Nüssen, sondern sind die Wurzelknöllchen eines Zyperngrasgewächses. Es gibt sie gemahlen, sowohl geröstet als auch ungeröstet. Und sie sind glutenfrei. Sie bekommen sie im Bioladen, im Reformhaus, mittlerweile auch in einigen gut sortierten Supermärkten und im Wacker-Shop. Wenn Sie Erdmandelflocken nicht mögen, können Sie auch gekeimte Haferflocken für Ihr Müsli nehmen. Sie schmecken nicht ganz so süß und geben Ihnen noch mehr das Gefühl, auch bei Basenfasten ein »normales« Müsli zu essen. Sie bekommen sie in vielen Biomärkten und in Onlineshops. Achten Sie darauf, dass sie gekeimt sind, denn nur dann eignen sie sich fürs Basenfasten.

Blattsalate/Kräuter Blattsalate sind ein ganz wesentlicher Bestandteil eines basischen Mittagessens. Sie bringen Abwechslung rein, denn es gibt unzählige Sorten: Kopfsalat, Eichblatt, Eisberg, Batavia, Lollo rossa und Lollo bionda, Romana, Rucola, Chicorée, Radicchio, aber auch Spinat und Wildkräuter wie Giersch, Spitzwegerich, Brennnessel, Löwenzahn, Brunnenkresse. Auch die Kräuter aus dem Garten oder vom Balkon bereichern Basenfasten: Petersilie, Schnittlauch, Basilikum, Minze, Kapuzinerkresse. Wildkräuter gehören zu den wertvollsten Lebensmitteln überhaupt, denn sie besitzen viel mehr Mineralstoffe, Spurenelemente, Vitamine und sekundäre Pflanzenstoffe, wie beispielsweise Bitterstoffe, Flavonoide und ätherische Öle, als unsere herkömmlichen Kulturpflanzen. So können sie schon in geringen Mengen den täglichen Bedarf an diesen Stoffen decken.

Vor allem die Kräuter und Wildkräuter wie Brennnessel, Sauerampfer, Löwenzahn, Spitzwegerich, Brunnenkresse sind Powerpakete, was ihren Gehalt an Mineralstoffen, Spurenelementen und sekundären Pflanzenstoffen betrifft. Die mediterranen Kräuter wie Thymian, Rosmarin und Oregano enthalten besonders viel Eisen und Zink.

Küchentipp: Über den Markt gehen und die Augen offen halten, was sich da so an Salaten und Kräutern tummelt, und rein damit in den Einkaufskorb.

Keimlinge Keimlinge sind meine absoluten Favoriten bei Basenfasten, und dabei kommt es nicht darauf an, ob man sie frisch oder getrocknet kauft. Beim Kauf frischer Keimlinge bitte unbedingt darauf achten, dass sie wirklich frisch sind. Wie das geht? Nase rein und riechen. Sie dürfen keinesfalls muffig oder faulig riechen! Keimlinge getrocknet zu kaufen ist da sicherer, denn sie sind sehr lange haltbar – über ein Jahr. Die Auswahl ist inzwischen recht groß – sie reicht von gekeimten Haferflocken bis hin zu gekeimtem Brokkoli. Der Vorteil: Durch das Keimen des Samens erwacht der Stoffwechsel der Pflanze erst wirklich zum Leben: Enzyme und Vitamine entstehen, die unbeliebte Phytinsäure wird abgebaut und dadurch können die Mineralstoffe besser verwertet werden. Mehr Pflanzenpower auf so engem Raum geht nicht. Wer Feuer gefangen hat, kann sich auch mal selbst ans Keimenlassen wagen.

Nüsse Nüsse bereichern nahezu jede basische Mahlzeit und machen satt, denn sie haben auch einiges an Kalorien zu bieten – um die 600 kcal pro 100 g. Das liegt am hohen Fettgehalt, doch zum Glück enthalten die meisten Nüsse die guten ungesättigten und mehrfach ungesättigten Fettsäuren. Besonders die Walnuss ist hier zu nennen, weshalb sie nie älter als 4 bis 5 Monate sein sollte. Ihre Fettsäuren sind zu empfindlich und werden schnell ranzig. Neben der Walnuss sind fürs Basenfasten geeignete Nüsse: Mandeln, Paranüsse, Macadamianüsse, Pistazien und Zedernüsse. Sie eignen sich auch prima als kleiner Energiesnack zwischendurch. Doch bitte immer schön dosieren, damit es nicht zu reichhaltig wird.

Küchentipp: Für eine basische Mandelmilch 6 Mandeln über Nacht einweichen und am nächsten Tag mit 300 ml Wasser pürieren.

Champignons Champignons, aber auch alle anderen Pilze sind bei Basenfasten unentbehrlich, denn sie bieten viele basische Mineralstoffe und sind dabei recht kalorienarm. Sie enthalten Ballaststoffe, zu denen auch das schwer verdauliche Chitin gehört. Ich empfehle daher grundsätzlich, Pilze nicht am Abend zu essen. Gemäß meinen Erfolgsregeln (Seite 11) langsam zu essen und gut und gründlich zu kauen, empfehle ich daher insbesondere für Pilzgerichte. Champignons haben den Vorteil, dass sie wie Seitlinge und Austernpilze gezüchtet werden und damit frei von Waldbodenbelastungen sind.

Brokkoli Ob als Salat, als Suppe, als Bratling oder im Curry – Brokkoli schmeckt und ist eine supergesunde Kohlsorte. Neben Vitamin C enthält Brokkoli die am besten wissenschaftlich erforschten sekundären Pflanzenstoffe: Senföle, auch Glucosinolate genannt. Sie wirken entzündungshemmend, antibakteriell, antiviral und schützen nachweislich vor einigen Krebserkrankungen. Auch gekeimte Brokkolisamen wurden vielfach untersucht – der Gehalt an Senfölen und Vitamin C ist in ihnen noch höher. Da sowohl Vitamin C als auch Senföle hitzeempfindlich sind, sollte Brokkoli nicht ewig lange erhitzt werden.

Kartoffeln Kartoffeln sind der Liebling aller Basenfaster, die befürchten, nicht satt genug zu werden. Mit ihrem hohen Kaliumgehalt werden sie besonders basisch verstoffwechselt. Viele scheuen sie jedoch wegen ihres hohen Kohlenhydratgehalts. Was sie aber zu echten Helden macht, ist ihr Gehalt an resistenter Stärke. Und hier lohnt es sich, ihre Kohlenhydrate, die im Wesentlichen in Form von Kartoffelstärke vorliegen, einmal genauer anzuschauen.

Es findet sich darunter besonders viel resistente Stärke, die im Darm mithilfe von Darmbakterien zu Buttersäure umgebaut wird, was für unsere Darmzellen ein Superfood ist. Damit verbessert sich nicht nur die Verdauung, sondern auch unsere Gehirnleistung. Neuere Studien haben sogar einen Schutz vor Demenzerkrankungen nachgewiesen.

Wurzelgemüse Wenn ich die Wahl habe zwischen mediterranen Gemüsesorten und Wurzelgemüse, wähle ich immer Letzteres. Wurzelgemüse sind Speicherorgane der Pflanze, die sich unter der Erde befinden. Folglich enthalten sie jede Menge Ballaststoffe, Mineralstoffe und Spurenelemente. Und je mehr Mineralstoffe in einem Lebensmittel stecken, umso basischer kann es wirken. Nach der Traditionellen Chinesischen Medizin gehört Wurzelgemüse zu den wärmenden Gemüsesorten. Das kommt uns beim Basenfasten sehr zugute, denn viele Menschen neigen besonders in den ersten Tagen zum Frieren. Wer dann die kühlenden mediterranen Gemüse wie Tomaten, Paprika oder Gurken isst, wird noch mehr frieren. Gut möglich, dass Sie das bislang noch nie wahrgenommen haben, vielleicht einfach deshalb, weil Sie noch nie darauf geachtet haben? Basenfasten bietet eine wunderbare Möglichkeit, mal darauf zu achten. Zu den Wurzelgemüsen gehören beispielsweise Karotten, Pastinaken, Sellerie, Petersilienwurzel, Radieschen, Rettich, Rote Bete, Mairübchen und Schwarzwurzel.

Einkaufsliste

Und damit sind wir auch schon bei der Einkaufsliste für die Basenfastenwoche.

Da es immer auch um das Bauchgefühl geht, schlage ich folgende Vorgehensweise vor: Lümmeln Sie sich gemütlich auf die Couch, schauen Sie sich die Rezepte im Buch an und entscheiden Sie sich ganz spontan für die, die Sie ansprechen. Stellen Sie sich daraus die Einkaufsliste zusammen. Das ist deshalb so einfach, weil die Rezepte aus so wenigen Zutaten bestehen. Wenn Sie einige der Zutaten, die Sie aus meiner Sicht immer zu Hause haben sollten, nicht dahaben, setzen Sie sie auch auf die Einkaufsliste. Und schon ist der Punkt abgehakt.

ALS GETRÄNKE BENÖTIGEN SIE:

reichlich stilles Wasser und reinen Kräutertee ohne Früchte, ohne Aromen, ohne Schwarztee, ohne Grüntee, ohne Mate.

FOLGENDE ZUTATEN SOLLTEN SIE IMMER ZU HAUSE HABEN:

Olivenöl, Zitronen, Zwiebeln, Kräutersalz, schwarze Pfefferkörner zum Mahlen (sind so aromatischer), Kurkumapulver, Ingwer, Muskat, Zimtpulver. Sie werden in den Rezepten als Zutaten nicht extra genannt.

So kann Ihre Einkaufsliste aussehen:

- Äpfel
- Bananen
- Beeren
- Orangen
- Erdmandelflocken
- Blattsalate
- Kräuter
- Kartoffeln
- Keimlinge
- Nüsse
- Champignons
- Brokkoli
- Wurzelgemüse
- Wasser
- Kräutertee
- Basenbad
- Irrigator

LECKER BASISCH!

Die REZEPTE

BASISMÜSLI

2
BANANEN

2 kleine
ÄPFEL

1 kleine
ORANGE

6 EL
ERDMANDELFLOCKEN

10
MANDELN

2 PORTIONEN

10 MIN.

Bananen schälen. • 1 Banane mit der Gabel klein drücken, die andere in Scheiben schneiden. • Äpfel waschen und fein reiben. • Orange auspressen, Saft und Erdmandelflocken daruntermischen. • Mandeln klein hacken und über das Müsli verteilen.

BEERENSALAT MIT FRISCHER MINZE

2
BANANEN

1 Schale
HIMBEEREN

1 Schale
HEIDELBEEREN

1
ORANGE

6
PARANÜSSE

einige Blätter
FRISCHE MINZE

2 PORTIONEN

10 MIN.

Bananen schälen und in Streifen schneiden. • Himbeeren und Heidelbeeren waschen und abtropfen lassen. • Orange auspressen, Saft über das Obst verteilen, gut vermischen und gern etwas durchziehen lassen. • Paranüsse und Minze klein hacken und über den Beerensalat verteilen.

BEERREN

schützen die **Gefäße** durch ihren Gehalt an **Polyphenolen**. Unbedingt darauf achten, dass sie wirklich **reif** sind. Nur dann wirken sie auch **basisch.**

WÄRMENDES PORRIDGE

8 EL
ERDMANDELFLOCKEN

200 ml heißes
WASSER

2
KAROTTEN

1
APFEL

8 frische
WALNÜSSE

2 PORTIONEN

VORBEREITUNG:
7 MIN.
ZUBEREITUNG:
7 MIN.

Erdmandelflocken mit heißem Wasser übergießen, umrühren und kurz aufquellen lassen. • Karotten mit der Gemüsebürste unter fließendem Wasser säubern, sehr fein reiben und zum Porridge geben. • Apfel waschen, fein reiben und mit ½ TL Zimt unter das Porridge mischen. • Wem die Karotten zu roh sind, der kann das Porridge noch einige Minuten erwärmen. • Walnüsse knacken, klein hacken und unter das Porridge mischen.

HIMBEER-BASILIKUM-SMOOTHIE

2
BANANEN

1 Schale
HIMBEEREN

2 Hände voll
BABYSPINAT

20 Blätter
BASILIKUM

4 EL
ERDMANDELFLOCKEN

1
ORANGE

2 PORTIONEN

8 MIN.

Bananen schälen. • Himbeeren, Babyspinat und Basilikumblätter waschen und abtropfen lassen. • Orange auspressen. • Alle Zutaten zusammen mit Erdmandelflocken und etwas Wasser in den Mixer geben und zerkleinern. • Saft der Orange daruntermischen.

SMOOTHIE

WILDKRÄUTERSMOOTHIE

2 Hände voll
WILDKRÄUTER

4
ÄPFEL

1
ORANGE

1 EL gehackte
MANDELN

2 PORTIONEN

5 MIN.

Wildkräuter waschen und in den Mixer geben. Rezept geht auch gut mit Babyspinat. • Äpfel waschen und zusammen mit dem Saft der Orange, Mandeln und 200 ml Wasser in den Mixer geben. • Alles gut durchmixen.

WILDKRÄUTER
sind Powerpakete,
was ihren Gehalt an Mineralstoffen,
Spurenelementen und sekundären
Pflanzenstoffen betrifft.

BUNTER KAROTTEN-APFEL-SAFT

8 ÄPFEL

4 bunte KAROTTEN

einige Blättchen ZITRONENMELISSE

2 PORTIONEN

10 MIN.

Äpfel waschen, Kerngehäuse entfernen, Äpfel in Schnitze schneiden und in den Entsafter geben. • Ein etwa 2 cm langes Ingwerstück schälen, klein schneiden und in den Entsafter geben. • Karotten mit der Gemüsebürste unter fließendem Wasser reinigen und mit der gewaschenen Zitronenmelisse in den Entsafter geben. • Einige Tropfen Olivenöl dazugeben und mit dem Saft vermischen.

KAROTTEN

liefern viele basische Mineralstoffe.

Das enthaltene Betacarotin sorgt zudem für eine schöne Haut. Am meisten Betacarotin steckt in violetten Karotten.

GEMISCHTER BLATTSALAT MIT KAROTTEN UND KEIMLINGEN

300 g
BLATTSALAT, Z. B. LOLLO BIONDO, LOLLO ROSSO, EISBERG ODER EICHBLATT

2
KAROTTEN

100 g
ERBSENSPROSSEN

1
ORANGE

2 PERSONEN

VORBEREITUNG:
10 MIN.
ZUBEREITUNG:
5 MIN.

Blattsalat putzen, waschen, trocknen und in mundgerechte Stücke zupfen. • Karotten schälen und in feine Streifen raspeln. • Blattsalat, Karottenraspel und Sprossen in eine Schale geben. • Orange darüber auspressen, mit 1 EL Olivenöl und 1 Prise Kräutersalz vermengen.

KEIN BASENFASTEN OHNE KEIMLINGE!

Die kleinen Nährstoffpakete sind vollgepackt mit Mikronährstoffen und Enzymen.

WILDKRÄUTERSALAT MIT NÜSSEN

300 g gemischter
WILDKRÄUTERSALAT, Z. B. LÖWENZAHN, GIERSCH, BRENNNESSEL

2
KAROTTEN

1 Bund
RADIESCHEN

50 g
MACADAMIANÜSSE

2 PERSONEN

VORBEREITUNG:
10 MIN.
ZUBEREITUNG:
5 MIN.

Wildkräutersalat putzen, waschen und in mundgerechte Stücke zupfen. • Karotten schälen, Radieschen waschen und in Scheibchen reiben. • Alles in eine Schale geben und mit dem Saft von ½ Zitrone, 1 Prise Kräutersalz und 1 EL Olivenöl marinieren. • Zum Schluss Macadamianüsse hacken und über den Salat geben.

CHICORÉE-APFEL-RETTICH-SALAT

150 g
RETTICH

50 g
WILDKRÄUTER

150 g
CHICORÉE

1
APFEL

2 PERSONEN

VORBEREITUNG:
10 MIN.
ZUBEREITUNG:
10 MIN.

Rettich schälen und in dünne Scheiben schneiden. • Wildkräutersalat waschen, trocknen und in mundgerechte Stücke zupfen. • Chicorée putzen, halbieren und in halbe Ringe schneiden. • Apfel waschen, vierteln, entkernen und ebenfalls in dünne Scheibchen schneiden. • Alles in einer Schale miteinander vermengen und mit dem Saft ½ Zitrone, 1 Prise Kräutersalz und 1 EL Olivenöl marinieren.

RUCOLASALAT UND SAUTIERTE CHAMPIGNONS

100 g
RUCOLA

50 g
BASILIKUM

100 g
CHAMPIGNONS

50 g
MACADAMIANÜSSE

2 PERSONEN

VORBEREITUNG:
10 MIN.
ZUBEREITUNG:
10 MIN.

Rucola putzen, waschen und trocknen. • Basilikum ebenfalls putzen, waschen und trocknen. • Champignons säubern, vierteln, in einer Pfanne mit 1 EL Olivenöl anbraten und mit Salz und 1 Prise frisch gemahlenem schwarzem Pfeffer abschmecken. • Macadamianüsse grob zerkleinern. • Alles in eine Schale geben und mit dem Saft ½ Zitrone, 1 Prise Kräutersalz und 1 EL Olivenöl abschmecken.

CHAMPIGNONS

sind beim Basenfasten unentbehrlich, denn sie bieten viele basische **Mineralstoffe** und sind dabei recht kalorienarm.

GEBACKENER PASTINAKEN-KAROTTEN-SALAT

150 g
PASTINAKEN

150 g
KAROTTEN

50 g
ZWIEBELN

2 Zweige
ROSMARIN

2 Zweige
THYMIAN

2 PERSONEN

VORBEREITUNG:
10 MIN.
ZUBEREITUNG:
45 MIN.

Backofen auf 180 Grad Ober- und Unterhitze vorheizen. • Pastinaken und Karotten schälen und längs halbieren. • Zwiebeln schälen, vierteln und mit Pastinaken, Karotten, 2 Zimtstangen, Rosmarin und Thymian auf das Backblech geben. • Mit 2 EL Olivenöl beträufeln, mit Kräutersalz und frisch gemahlenem Pfeffer würzen. 40 Min. backen. • Danach mit dem Saft 1 Zitrone marinieren.

APFEL-SELLERIE-SALAT MIT PARANÜSSEN

100 g
PARANÜSSE

250 g
KNOLLENSELLERIE

150 g
ÄPFEL

6 Stängel
GLATTPETERSILIE

2 PERSONEN

VORBEREITUNG:
10 MIN.
ZUBEREITUNG:
10 MIN.

50 g Paranüsse über Nacht einweichen. • Danach mit Wasser und 1 Prise Kräutersalz in einem Hochleistungsmixer cremig mixen. • Sellerie schälen, Äpfel waschen und beides in feine Streifen schneiden. • Paranüsse hacken und Petersilie in feine Streifen schneiden. • Mit dem Saft von ½ Zitrone sowie mit Salz und Pfeffer vermengen.

FELDSALAT MIT CHAMPIGNONS UND WALNÜSSEN

100 g
FELDSALAT

1 rote
ZWIEBEL

300 g
CHAMPIGNONS

1
ORANGE

6 frische
WALNÜSSE

5 Stängel
PETERSILIE

2 PERSONEN

VORBEREITUNG:
10 MIN.
ZUBEREITUNG:
10 MIN.

Feldsalat gründlich waschen und trocknen. • Zwiebel schälen und in feine Würfel schneiden. • Champignons putzen, vierteln und in einer Pfanne mit 1 EL Olivenöl anbraten. • Zum Schluss mit Kräutersalz und Pfeffer abschmecken. Feldsalat mit dem Saft der Orange marinieren und mit Salz und Pfeffer abschmecken. • Walnüsse und Petersilie hacken.

Der **KALIUMGEHALT** bestimmt, wie stark basisch ein Lebensmittel ist. Mit über 500 mg pro 100 g spielen **WALNÜSSE** in der oberen Basen-Liga.

BABYSPINATBOWL MIT ROTER BETE

100 g
ROTE BETE

200 g
BABYSPINAT

1
ORANGE

1
APFEL

50 g
RETTICHSPROSSEN

2 PERSONEN

VORBEREITUNG:
10 MIN.
ZUBEREITUNG:
30 MIN.

Rote Bete in Wasser bissfest kochen, danach in kaltem Wasser abschrecken, Schale abreiben, Rote Bete in dünne Scheiben hobeln. • Babyspinat waschen und trocknen. • Orange filetieren und Saft dabei auffangen. • Apfel waschen und in Spalten schneiden. • Alles mit Orangensaft, Kräutersalz und frisch gemahlenem Pfeffer abschmecken und mit den Sprossen garnieren.

KAROTTENSALAT MIT BROKKOLI UND KRESSE

100 g
BROKKOLI

1 EL
SESAM

300 g
KAROTTEN

1 Schale
KRESSE

2 PERSONEN

VORBEREITUNG:
5 MIN.
ZUBEREITUNG:
15 MIN.

Brokkoli in Röschen schneiden, in einer Pfanne mit 100 ml Gemüsebrühe bissfest garen. • Wenn die Gemüsebrühe verdunstet ist, Sesam zu den Brokkoli in die Pfanne geben und mit 1 EL Olivenöl leicht anrösten. • Karotten schälen und fein raspeln. • 2 cm Ingwer schälen und fein reiben. • Karotten mit dem Saft von 1 Zitrone, Kräutersalz und Pfeffer abschmecken. • Alles mischen und mit Kresse bestreuen.

KARTOFFELSALAT MIT ZWIEBEL UND PETERSILIE

300 g
KARTOFFELN

½ rote
ZWIEBEL

1 Stange
FRÜHLINGSLAUCH

½ Bund glatte
PETERSILIE

2 PERSONEN

VORBEREITUNG:
10 MIN.
ZUBEREITUNG:
40 MIN.

Kartoffeln weich kochen. • In der Zwischenzeit Zwiebel schälen und in feine Würfel schneiden. • Frühlingslauch waschen und in feine Ringe schneiden. • Petersilie waschen, trocken schütteln und in feine Streifen schneiden. • Kartoffeln noch heiß pellen und in feine Scheiben schneiden. • Alles in eine Schüssel geben und mit 100 ml Gemüsebrühe, Kräutersalz und Pfeffer abschmecken. • Ziehen lassen und Petersilienstreifen unterheben.

PETERSILIE

100 g enthalten 179 mg Kalzium – das ist mehr als in 100 ml Kuhmilch!

KARTOFFEL PUR MIT KRESSE

500 g
KARTOFFELN

100 g
KAROTTEN

1
ZWIEBEL

2 rote
ZWIEBELN

2 EL
KRESSE

2 PERSONEN

VORBEREITUNG:
15 MIN.
ZUBEREITUNG:
25 MIN.

Kartoffeln, Karotte und Zwiebel schälen, grob würfeln und mit 1 EL Olivenöl in einem Topf anbraten. • Mit 2–3 TL Kräutersalz und 1 TL Pfeffer würzen, mit 600 ml Gemüsebrühe aufgießen und weich kochen. • Für das Topping rote Zwiebeln schälen, in halbe Ringe schneiden und in einer Pfanne mit 1 EL Olivenöl anbraten. • Die Suppe pürieren und mit dem Topping versehen. • Kresse mit einer Schere darüber verteilen.

KARTOFFELN

haben einen hohen Kaliumgehalt und werden besonders **BASISCH** verstoffwechselt.

KAROTTENSUPPE

350 g
KAROTTEN

1
ZWIEBEL

1
APFEL

2 PERSONEN

VORBEREITUNG:
10 MIN.
ZUBEREITUNG:
20 MIN.

Karotten, Apfel und Zwiebel schälen und grob würfeln. • 6 cm Ingwer schälen und klein hacken. • 1 EL Öl in einem Topf erhitzen und Karotten, Apfel, Zwiebel und Ingwer ca. 3 Min. andünsten. • Mit 300 ml Gemüsefond aufgießen. • Salzen und pfeffern und 10–15 Min. bei mittlerer Hitze köcheln lassen. • Pürieren und nochmals abschmecken.

SUPPE AUS JUNGEN SPINATBLÄTTERN

200 g
KARTOFFELN

1
ZWIEBEL

300 g
SPINAT

2 EL
SCHNITTLAUCH

2 PERSONEN

VORBEREITUNG:
10 MIN.
ZUBEREITUNG:
20 MIN.

Kartoffeln und Zwiebel schälen, grob würfeln, in einem Topf mit 1 EL Olivenöl anrösten und mit 600 ml Gemüsebrühe aufgießen. • Spinat waschen, dicke Stiele entfernen und trocknen. • Wenn die Kartoffeln weich sind, Spinat hinzugeben. • Alles gründlich pürieren und mit Kräutersalz und Pfeffer abschmecken. • Den Schnittlauch in Röllchen schneiden und über die Suppe geben.

CHAMPIGNONCREMESUPPE MIT KURKUMA UND SCHNITTLAUCH

2 gekochte
KARTOFFELN

300 g
CHAMPIGNONS

1
ZWIEBEL

50 g
SCHNITTLAUCH

2 PERSONEN

VORBEREITUNG:
10 MIN.
ZUBEREITUNG:
20 MIN.

Gekochte Kartoffeln mit etwas Wasser pürieren. • Champignons putzen, in Scheiben schneiden. • Zwiebel schälen und fein würfeln. • Zwiebel und Champignons in etwas Olivenöl anbraten. • Alles mit 500 ml Gemüsebrühe ablöschen und den Kartoffelbrei unterrühren. • Mit 1 TL Kurkuma, Kräutersalz, Pfeffer und 1 Spritzer Zitronensaft abschmecken. • Schnittlauch in feine Ringe schneiden, kurz vor dem Anrichten in die Suppe geben.

BROKKOLI-MANDEL-SUPPE

250 g
BROKKOLI

1
SCHALOTTE

100 g
KARTOFFELN

50 g
MANDELBLÄTTCHEN

2 PERSONEN

VORBEREITUNG:
10 MIN.
ZUBEREITUNG:
15 MIN.

Brokkoli putzen und in kleine Röschen schneiden. • Schalotte sowie Kartoffeln schälen und in feine Würfel schneiden. • Beides mit 1 EL Olivenöl in einem Topf andünsten und 500 ml Gemüsebrühe zugießen. • Bei mittlerer Hitze ca. 15 Min. kochen lassen. • Die Hälfte der Mandelblättchen in einer Pfanne ohne Fett anrösten. • Übrige Mandelblättchen unter die Suppe rühren. • Suppe pürieren, abschmecken und mit Mandelblättchen bestreuen.

Keine wilden Mischungen:
Ganz gemäß Wacker-Regel
Nummer 6 besteht dieser basische
Genuss aus nur

4 ZUTATEN!

SÜSSKARTOFFELSUPPE MIT BASILIKUM UND CHIPS

350 g
SÜSSKARTOFFELN

1
ZWIEBEL

½ Bund
BASILIKUM

2 PERSONEN

VORBEREITUNG:
10 MIN.
ZUBEREITUNG:
15 MIN.

250 g Süßkartoffeln schälen und fein reiben. • Zwiebel schälen, fein würfeln, mit der Süßkartoffel dünsten, mit 500 ml Gemüsebrühe aufgießen und 8 Min. köcheln lassen. • Die restlichen 100 g Süßkartoffeln schälen, in feine Scheiben hobeln, in Olivenöl anbraten und auf einem Küchentuch abtropfen lassen. • Basilikum waschen und unter die Suppe pürieren. • Mit dem Saft von 1 Zitrone, Kräutersalz und Pfeffer abschmecken.

APFEL-SELLERIE-GAZPACHO

250 g
STANGENSELLERIE

5 grüne
ÄPFEL

1
ORANGE

50 g
ERDMANDELFLOCKEN

5 Stängel
BASILIKUM

2 PERSONEN

VORBEREITUNG:
5 MIN.
ZUBEREITUNG:
5 MIN.

Stangensellerie waschen und grob zerkleinern. • Äpfel waschen, halbieren, entkernen und grob zerkleinern. • Orange auspressen. • Mit Erdmandelflocken, Basilikum, 400 ml Gemüsebrühe in ein hohes Gefäß geben • Kräutersalz, Pfeffer, 1 EL Olivenöl und abgeriebene Schale von 1 Zitrone dazugeben und fein pürieren. • In Gefäße abfüllen, Eiswürfel dazugeben und kalt genießen.

Solide Basis(ch):

ÄPFEL

Am besten bio und mit Schale. Denn die geballte Nährstoffpower liegt direkt darunter!

ROTE-BETE-SUPPE MIT MEERRETTICH

300 g
ROTE BETE

150 g
KARTOFFELN

1
ZWIEBEL

1
APFEL

3 EL geriebener
MEERRETTICH

1 EL gehackte
PETERSILIE

2 PERSONEN

VORBEREITUNG:
15 MIN.
ZUBEREITUNG:
15 MIN.

Rote Bete, Kartoffeln und Zwiebel schälen und grob würfeln. • Apfel waschen, halbieren, entkernen und ebenfalls würfeln. • Alle Zutaten in etwas Olivenöl anschwitzen, mit 600 ml Gemüsebrühe aufgießen und garen. • 3 cm Ingwer schälen, fein reiben und mit 2 EL Meerrettich in die Suppe geben. • Alles pürieren, abschmecken und mit restlichem Meerrettich und Petersilie garnieren.

BROKKOLIBRATLINGE MIT RADIESCHEN

400 g
BROKKOLI

100 ml ungesüßte
MANDELMILCH

1 Handvoll
MANDELN

4 EL gekeimtes
DINKELMEHL

10
RADIESCHEN

1 EL
FLOHSAMENSCHALEN

2 PERSONEN

VORBEREITUNG:
30 MIN.
ZUBEREITUNG:
30 MIN.

Brokkoli putzen, klein schneiden, in 200 ml Gemüsebrühe weich kochen danach abgießen. • Mit Mandelmilch fein pürieren und abschmecken. • Mandeln klein hacken , mit Dinkelmehl in die Brokkolimasse geben, optional 1 EL Flohsamenschalen unterrühren. • 6 Bratlinge aus der Masse formen, zum Auskühlen in den Kühlschrank stellen. • Pfanne erwärmen und die Bratlinge in Olivenöl braten. • Radieschen anbraten.

SÜSSKARTOFFELSTAMPF MIT KAROTTE, LAUCH & FENCHEL

200 g
SÜSSKARTOFFELN

1
URKAROTTE

½
FENCHEL

2 Stangen
FRÜHLINGSLAUCH

2 PERSONEN

VORBEREITUNG:
10 MIN.
ZUBEREITUNG:
15 MIN.

Süßkartoffel schälen, würfeln und weich dünsten. • Karotte schälen und in Scheiben schneiden. • Fenchel in seine einzelnen Schalen teilen und Frühlingslauch dritteln. • Gemüse in 100 ml Gemüsebrühe bissfest dünsten. • Wenn die Süßkartoffelwürfel weich sind, sie mit einer Gabel klein drücken. • Püree mit etwas Kräutersalz und weißem Pfeffer abschmecken.

GEBACKENE KARTOFFELN MIT KAROTTENMUS UND KRESSE

300 g kleine KARTOFFELN

200 g KAROTTEN

½ Schale GARTENKRESSE

2 PERSONEN

VORBEREITUNG: 10 MIN.
ZUBEREITUNG: 30 MIN.

Kartoffeln waschen und weich kochen. • Karotten schälen, klein schneiden, in 200 ml Gemüsebrühe weich kochen, in ein hohes Gefäß geben, 1 EL Olivenöl hinzugeben, fein pürieren und mit Kräutersalz und schwarzem Pfeffer aus der Mühle abschmecken. • In der Zwischenzeit Kartoffeln halbieren, in einer Pfanne mit Olivenöl goldgelb backen und abschmecken. • Gartenkresse schneiden. • Anrichten und mit Gartenkresse bestreuen.

Die Kartoffeln

in diesem farbenfrohen Gericht sind gute basische Sattmacher.

BROKKOLIBOWL MIT BASILIKUM UND PILZEN

200 g
BROKKOLI

200 g
SHIITAKE-PILZE

1 Stange
LAUCH

2 PERSONEN

VORBEREITUNG:
5 MIN.
ZUBEREITUNG:
10 MIN.

Brokkoli in kleine Röschen schneiden, leicht anbraten und mit Kräutersalz und weißem Pfeffer abschmecken. • Pilze putzen, vierteln und zum Brokkoli in die Pfanne geben. • Lauch längs halbieren, abspülen, ausschütteln und in Streifen schneiden. Zum Schluss unter Brokkoli und Pilze geben. • Kurz anschwitzen. • Mit Kräutersalz und weißem Pfeffer aus der Mühle abschmecken.

BUNTES GEMÜSE MIT SCHNITTLAUCH

4
KAROTTEN

6 kleine
KARTOFFELN

1
FENCHEL

1 Bund
SCHNITTLAUCH

2 PERSONEN

VORBEREITUNG:
10 MIN.
ZUBEREITUNG:
25 MIN.

Karotten, Kartoffeln und Fenchel waschen, halbieren und im Gemüsedämpfer in wenigen Minuten bissfest garen. • Schnittlauch waschen, abtropfen lassen und in Röllchen schneiden. • Für das Anbraten geeignetes Olivenöl erhitzen, Gemüse darin schwenken und abschmecken. • Den Schnittlauch unterheben.

WURZELGEMÜSERAGOUT

100 g violette
KAROTTEN

100 g orange
KAROTTEN

100 g
PASTINAKEN

100 g
SELLERIE

1 gechackte
ZWIEBEL

2 PERSONEN

VORBEREITUNG:
15 MIN.
ZUBEREITUNG:
25 MIN.

Karotten, Pastinaken und Sellerie schälen und in ungefähr 1 cm große Würfel schneiden. • Öl in einer weiten Bratpfanne warm werden lassen, Gemüse etwa 5 Min. anbraten, herausnehmen, zur Seite stellen. • Zwiebel beifügen, anbraten. • Beiseitegestelltes Wurzelgemüse wieder beifügen. • 200 ml Gemüsebrühe hinzugießen und langsam ca. 20 Min. ziehen lassen, dann abschmecken.

In WURZELGEMÜSE

stecken jede Menge Ballaststoffe, Mineralstoffe und Spurenelemente.

Und je mehr Mineralstoffe in einem Lebensmittel stecken, umso basischer ist es!

SÜSSKARTOFFEL-BROKKOLI-CURRY

100 g
SÜSSKARTOFFELN

1
KAROTTE

100 g
BROKKOLI

300 ml ungesüßte
MANDELMILCH

2 PERSONEN

VORBEREITUNG: 15 MIN,
ZUBEREITUNG: 15 MIN.

Süßkartoffel und Karotte schälen, würfeln. • Brokkoli putzen und in Röschen schneiden. • Etwas Gemüsebrühe aufkochen und Süßkartoffel, Brokkoli und Karottenwürfel darin weich kochen. • In einer Pfanne Kurkuma vorsichtig anrösten, mit Mandelmilch ablöschen und abschmecken. • Mit Kartoffelmehl andicken und zum Schluss das Gemüse hinzufügen. • Alles vorsichtig umrühren.

BUNTE KAROTTENSPAGHETTI

2 gelbe
KAROTTEN

2 orange
KAROTTEN

etwas
PETERSILIE

1 EL gekeimter
BROKKOLI

1 EL gekeimter
BUCHWEIZEN

2 PERSONEN

VORBEREITUNG:
5 MIN.
ZUBEREITUNG:
10 MIN.

Karotten schälen und mit einem Julienneschneider dünne Streifen ziehen oder Karotten reiben. • Alles in einer Pfanne mit etwas Olivenöl andünsten. • ½ Zitrone auspressen und mit Olivenöl, Kräutersalz und weißem Pfeffer aus der Mühle Karottenstreifen abschmecken. • Zum Schluss Petersilie waschen und in feine Streifen schneiden. • Mit gekeimtem Brokkoli und gekeimtem Buchweizen vermengen.

PASTINAKENPÜREE MIT SALBEI UND ZITRONE

100 g mehlig kochende
KARTOFFELN

400 g
PASTINAKEN

8
SALBEIBLÄTTER

2 PERSONEN

VORBEREITUNG:
10 MIN.
ZUBEREITUNG:
25 MIN.

Kartoffeln und Pastinaken schälen und würfeln, dann in 2 EL Olivenöl andünsten. • 200 ml Gemüsebrühe zufügen. • Gemüse zugedeckt in ca. 20 Min. weich garen. • Zu Püree stampfen und mit Salz, Pfeffer und Muskat würzen. • Salbeiblätter in 4 EL Olivenöl knusprig frittieren. • Mit 1 TL Zitronenzesten auf dem Püree anrichten.

ZITRONEN

schmecken zwar sauer, wirken aber basisch!

SÜSSKARTOFFELPÜREE AN PILZRAGOUT MIT OLIVEN

200 g
SÜSSKARTOFFELN

100 g
KARTOFFELN

100 g braune
CHAMPIGNONS

1 Zweig
ROSMARIN

1 Zweig
THYMIAN

50 ml
MANDELMILCH

2 PERSONEN

VORBEREITUNG:
15 MIN.
ZUBEREITUNG:
25 MIN.

Süßkartoffel und Kartoffeln schälen, in Würfel schneiden, in 200 ml Gemüsebrühe weich garen. • Mit einem Kartoffelstampfer zu Püree verarbeiten, mit Muskatnuss und Kräutersalz abschmecken. • Champignons putzen, in Scheiben schneiden, in Olivenöl mit Rosmarin, Thymian und 50 g Oliven leicht anbraten. • Mandelmilch dazugießen und kurz aufkochen.

GEBACKENES WURZELGEMÜSE MIT KALAMATA-OLIVEN

250 g
KAROTTEN

125 g
PASTINAKEN

250 g
ROTE BETE

1 ½ Zweige
ROSMARIN

40 g entsteinte
KALAMATA-OLIVEN

2 PERSONEN

VORBEREITUNG:
15 MIN.
ZUBEREITUNG:
45 MIN.

Backofen auf 225 Grad Ober- und Unterhitze vorheizen. • Gemüse schälen, waschen und in mundgerechte Stücke schneiden. • Auf einem Backblech verteilen, mit Olivenöl beträufeln und würzen. • Im heißen Backofen 45–50 Min. backen. 10 Min. vor Ende der Backzeit Rosmarin mit zum Gemüse auf das Backblech geben. • Gemüse abschmecken, Oliven unterheben und mit dem Saft von ½ Zitrone beträufeln.

SÜSSKARTOFFEL MIT FENCHEL & BASILIKUM

200 g
SÜSSKARTOFFELN

1
FENCHEL

3 Stängel
BASILIKUM

2 PERSONEN

VORBEREITUNG:
10 MIN.
ZUBEREITUNG:
15 MIN.

Süßkartoffel schälen, klein schneiden, in 200 ml Gemüsebrühe weich kochen und danach klein drücken. • Mit etwas Kräutersalz und weißem Pfeffer abschmecken. • Fenchel säubern, in feine Scheiben schneiden, mit Olivenöl anbraten und abschmecken. • Basilikum waschen, trocken schütteln, in Streifen schneiden und unter den Fenchel geben.

GESCHMORTER RADICCHIO MIT ROSMARINKARTOFFELN

200 g
KARTOFFELN, Z. B. BAMBERGER HÖRNCHEN

3 Zweige
ROSMARIN

1
ZWIEBEL

1 Kopf
RADICCHIO

2 PERSONEN

VORBEREITUNG:
5 MIN.
ZUBEREITUNG:
25 MIN.

Backofen auf 180 Grad Ober- und Unterhitze vorheizen. • Kartoffeln waschen, halbieren, auf das Backblech legen, salzen, mit Olivenöl beträufeln • Nach 10 Min. Backen Rosmarin hinzugeben und goldgelb backen. • Zwiebel schälen, würfeln. • Radicchio halbieren, Strunk entfernen, Radicchio in Spalten schneiden. • Zwiebelwürfel in einer Pfanne anschwitzen, Radicchio hinzugeben, anbraten, würzen und mit Gemüsebrühe ablöschen.

Eine starke Familie:

Rosmarin

und seine mediterranen Kräuter-Verwandten sind besonders reich an **Eisen und Zink.**

CHAMPIGNONBRATLINGE

500 g
CHAMPIGNONS

2
ZWIEBELN

100 g gekeimte
HAFERFLOCKEN

1 klein gehackter Zweig
ROSMARIN

2 gezupfte Zweige
THYMIAN

½ Bund glatte oder krause
PETERSILIE

2 PERSONEN

VORBEREITUNG:
10 MIN.
ZUBEREITUNG:
10 MIN.

Champignons putzen, in feine Würfel schneiden. • Zwiebeln schälen, ganz fein hacken, zur Pilzmasse geben. • Dann Haferflocken, alle Kräuter und Gewürze untermischen. • Alles gut mit den Händen durchkneten. • Die Masse sollte nicht zu feucht sein und nicht auseinanderfallen. Bratlinge formen. • Öl in einer Pfanne erhitzen und die Bratlinge knusprig braun ausbraten.

SOJABOHNENKEIMLINGE AUS DEM WOK

100 g
KAROTTEN

100 g
PASTINAKEN

100 g
FRÜHLINGSLAUCH

2
ORANGEN

2 El
SESAM

150 g
SOJABOHNENKEIMLINGE

2 PERSONEN

VORBEREITUNG:
15 MIN.
ZUBEREITUNG:
10 MIN.

Karotten und Pastinaken schälen und in dünne Streifen schneiden. • Frühlingslauch waschen und in Ringe schneiden. • 1,5–2 cm Ingwer schälen und in kleine Würfel schneiden. • 1 Orange filetieren, den Saft auffangen, andere Orange entsaften. • In einem Wok Olivenöl erhitzen, Gemüse, Ingwer und Sesam anbraten, abschmecken und mit Orangensaft ablöschen. • Sojabohnenkeimlinge und Orangenfilets unterziehen und genießen.

AUFGEPASST:

Soja ist nur in Form von Keimlingen basisch!

SÜSSKARTOFFELPFANNE

300 g
SÜSSKARTOFFELN

½ Kopf
BROKKOLI

2
ÄPFEL

50 g
MANDELN

2 PERSONEN

VORBEREITUNG:
10 MIN.
ZUBEREITUNG:
15 MIN.

Süßkartoffeln schälen und in Würfel schneiden. • Brokkoli in Röschen schneiden. • Äpfel waschen, halbieren, entkernen und in Scheiben schneiden. • Mandeln grob hacken. • Süßkartoffelwürfel, Brokkoliröschen und Apfelscheiben leicht anbraten, mit 100 ml Gemüsebrühe ablöschen und abschmecken. • Mandeln in einer Pfanne ohne Öl anrösten. • Wenn die Kartoffeln weich sind, kann man auch direkt anrichten.

GEFÜLLTE CHAMPIGNONS

1
KARTOFFEL

1
KAROTTE

½ Bund
PETERSILIE

1 Bund
SCHNITTLAUCH

2 Stangen
FRÜHLINGSLAUCH

6–8 große
CHAMPIGNONS

2 PERSONEN

VORBEREITUNG:
10 MIN.
ZUBEREITUNG:
20 MIN.

Kartoffeln und Karotte schälen, Frühlingslauch waschen und fein schneiden. • Petersilie in Streifen, Schnittlauch in Röllchen schneiden. • Champignons putzen, Stiele entfernen und in Würfel schneiden. • Gemüsewürfel in Olivenöl anbraten, mit restlichen Zutaten abschmecken. • Die Masse in die Champignonköpfe füllen, in eine Auflaufform setzen, mit 100 ml Gemüsebrühe aufgießen, bei 180 Grad Ober- und Unterhitze 15 Min. backen.

Mit Vitaminen & Geschmack laufen **FRISCHE GARTENKRÄUTER** allen künstlichen Geschmacksverstärkern den Rang ab.

OFENKARTOFFEL MIT RADIESCHEN UND LAUCH

2 mittelgroße
KARTOFFELN

100 g
RADIESCHEN

50 g
LAUCH

2 PERSONEN

VORBEREITUNG:
5 MIN.
ZUBEREITUNG:
20 MIN.

Kartoffeln waschen, längs halbieren, in eine feuerfeste Form geben, mit Olivenöl beträufeln, bei 180 Grad ca. 15 Min. backen. • Radieschen und Lauch waschen, in Streifen schneiden, mit etwas Olivenöl in einer Pfanne anbraten. • Kartoffelinneres herauskratzen, in eine Schüssel geben, klein drücken, Radieschen und Lauch hinzugeben und vermengen. • Mit Kräutersalz und Pfeffer abschmecken und in die Kartoffelhälften füllen.

HASSELBACK-KAROTTEN AN KARTOFFELPÜREE UND BASILIKUM

200–250 g
KAROTTEN

300 g
KARTOFFELN

1 Bund
BASILIKUM

2 PERSONEN

VORBEREITUNG:
10 MIN.
ZUBEREITUNG:
45 MIN.

Backofen auf 200 Grad Ober- und Unterhitze vorheizen. • Karotten schälen und fächerförmig einschneiden. • Karotten in eine Ofenform geben, mit Olivenöl bepinseln und Kräutersalz bestreuen. • 15–20 Min. backen. • Kartoffeln schälen, klein schneiden, in Salzwasser weich kochen, Wasser abgießen, mit 100 ml Gemüsebrühe pürieren und mit Kräutersalz und Pfeffer abschmecken. • Basilikum abzupfen und in feine Streifen schneiden.

BROKKOLISTEAK MIT CHAMPIGNONRAGOUT

50 g
MANDELN

2 Köpfe
BROKKOLI

4 El
ERDMANDELFLOCKEN

100 g
CHAMPIGNONS

1 fein gewürfelte
ZWIEBEL

½ Bund
GLATTPETERSILIE

2 PERSONEN

VORBEREITUNG:
10 MIN.
ZUBEREITUNG:
35 MIN.

Mandeln einweichen, danach mit Wasser und Salz fein pürieren. • Ganzen Brokkoli 5 Min. in kochendem Wasser garen und direkt in Eiswasser abschrecken, danach in dicke Scheiben schneiden. • Mit Erdmandelflocken panieren und in Olivenöl braten. • Champignons putzen, vierteln und mit den Zwiebelwürfeln anbraten. • Petersilie in Streifen schneiden, unter die Champignons geben, mit Mandelsahne aufgießen und anrichten.

BROKKOLI

ist ein Top-Basen-Lebensmittel! Außerdem enthält er Senföle, die entzündungshemmend, antibakteriell und antiviral wirken und nachweislich vor einigen Krebserkrankungen schützen.

KARTOFFELTALER MIT KRESSE

400 g
KARTOFFELN

3 EL gekeimte
HAFERFLOCKEN

2 EL
KRESSE

2 PERSONEN

VORBEREITUNG:
5 MIN.
ZUBEREITUNG:
35 MIN.

Kartoffeln waschen und in Salzwasser weich kochen. • Danach Wasser abgießen, Kartoffeln pellen und durch eine Presse drücken. • Die Kartoffelmasse verrühren, mit Kräutersalz und Pfeffer aus der Mühle abschmecken. • Haferflocken und Kresse unter die Masse rühren und kleine Taler formen. • Taler in einer Pfanne mit etwas Olivenöl langsam ausbacken.

Beim Kauf von Keimlingen gilt:

Nase rein und riechen. Denn nur wenn sie ganz frisch sind, enthalten sie die volle Portion Nährstoffe.

GESCHMORTE ROMANASALATHERZEN MIT SÜSSKARTOFFELWEDGES

300 g
SÜSSKARTOFFELN

4
ROMANAHERZEN

1 Bund
BASILIKUM

2 PERSONEN

VORBEREITUNG:
5 MIN.
ZUBEREITUNG:
35 MIN.

Süßkartoffeln waschen, halbieren, in Ecken schneiden und in eine Schüssel geben. • Olivenöl, Salz und Pfeffer hinzugeben und einreiben. • Auf ein Backblech legen und 25 Min. bei 200 °C bei Ober- und Unterhitze backen. • Kartoffeln einmal wenden. • Romanaherzen waschen, vierteln, in Olivenöl anbraten und würzen. • Basilikum in Streifen schneiden. • Wedges mit Basilikum und etwas Zitronenabrieb verfeinern und anrichten.

CHAMPIGNONS MIT KAROTTEN AUS DEM WOK

250 g
KAROTTEN

½ Bund
FRÜHLINGSLAUCH

250 g
CHAMPIGNONS

125 g
SHIITAKEPILZE

¼ Bund
GLATTPETERSILIE

2 PERSONEN

VORBEREITUNG:
10 MIN.
ZUBEREITUNG:
15 MIN.

Karotten schälen, stifteln. • Frühlingslauch putzen, in Ringe schneiden. • Champignons putzen, vierteln, mit Öl in einem Wok portionsweise anbraten. • Mit Salz und Pfeffer würzen, herausnehmen. • Lauch und Karotten anbraten, mit Kurkuma bestäuben und anschwitzen • Mit 200 ml Gemüsebrühe ablöschen, Pilze zufügen, aufkochen und 4–5 Min. köcheln lassen. • Petersilie hacken und unterheben.

PANIERTES SELLERIESCHNITZEL MIT KRÄUTERSOSSE

1 Bund
GLATTPETERSILIE

½ Bund
BASILIKUM

1
SELLERIEKNOLLE

100 g
MANDELN

100 g gekeimtes
DINKELMEHL

6 EL
ERDMANDELFLOCKEN

2 PERSONEN

VORBEREITUNG:
10 MIN.
ZUBEREITUNG:
20 MIN.

Kräuter zerkleinern und mit Olivenöl fein pürieren. • Mit Saft von 1 Zitrone und Gewürzen abschmecken. • Sellerie schälen und in 0,5 cm dicke Scheiben schneiden. • Mandeln mit Wasser pürieren, Dinkelmehl unterrühren und abschmecken. • Panade und Erdmandelflocken auf je einen Teller geben. • Selleriescheiben erst durch den Brei ziehen, dann mit Erdmandeln panieren. • Selleriescheiben in Olivenöl anbraten.

Nicht nur im basischen Müsli lecker: Die süß-nussigen

ERDMANDEL-FLOCKEN

sind reich an Ballaststoffen und machen lange satt.

BANANEN-MANDEL-RIEGEL

100 g gekeimte
HAFERFLOCKEN

100 g gehackte
MANDELN

3 EL gemahlener
LEINSAMEN

2–3 sehr reife
BANANEN

2 PERSONEN

VORBEREITUNG: 5 MIN.
BACKZEIT: 20 MIN.

Backofen auf 150 Grad Ober- und Unterhitze vorheizen. • Trockene Zutaten, 1 TL Zimt und 1 Prise Salz miteinander vermengen. • Bananen zerdrücken und mit 3 EL Olivenöl hinzugeben. • Den Teig in ein tiefes und mit Backpapier ausgelegtes Backblech füllen und ca. 20 Min. backen. • Wenn die Müsliriegel durchgebacken (Stäbchenprobe) sind, noch in der Form auskühlen lassen, dann erst herausnehmen und in Riegel schneiden.

BANANEN

sind durch ihren hohen Kaliumgehalt starke Basenbildner. Je reifer & geschmacksintensiver die Banane, umso **BASISCHER** ist sie.

ERDMANDELMOUSSE MIT HIMBEEREN

1
ORANGE

6 EL
ERDMANDELFLOCKEN

1
APFEL

50 g
HIMBEEREN

einige Blätter
MINZE

2 PERSONEN

VORBEREITUNG:
5 MIN.
ZUBEREITUNG:
10 MIN.

1,5 cm Ingwer schälen, fein reiben und in eine Schüssel geben. • Orange auspressen. • Saft und Erdmandelflocken ebenfalls in die Schüssel geben und gut verrühren. • Apfel waschen, vierteln, entkernen und in feine Würfel schneiden. • Apfelwürfel in einer Pfanne mit ½ TL Zimt andünsten. • Erdmandelmousse auf zwei Gläser verteilen, darauf das Apfelragout schichten und mit Himbeeren und Minze ausdekorieren.

MMMMMHH
LECKER!

Quellenverzeichnis der Bildquellen von stock.adobe.com:

S. 18: Äpfel: © Natalja Sotika/stock.adobe.com; Bananen: © Yury Zap/stock.adobe.com; Beeren: © GCapture/stock.adobe.com; Orangen: © denira/stock.adobe.com; Erdmandelflocken: © ExQuisine/stock.adobe.com; Blattsalate: © ExQuisine/stock.adobe.com; Keimlinge: © fotofabrika/stock.adobe.com; Nüsse: © Tatyana Sidyukova/stock.adobe.com; Champignons: © New Africa/stock.adobe.com; Brokkoli: © Paulista/stock.adobe.com; Kartoffeln: © Natika/stock.adobe.com; Wurzelgemüse: © An-T/stock.adobe.com
S. 26: Bananen: © Yeti Studio/stock.adobe.com; Äpfel: © Natalja Sotika/stock.adobe.com; Erdmandelflocken: © ExQuisine/stock.adobe.com; Mandeln: © spaxiax/stock.adobe.com
S. 28: Bananen: © Yeti Studio/stock.adobe.com; Himbeeren: © maria_bk/stock.adobe.com; Blaubeeren: © GCapture/stock.adobe.com; Paranüsse: © New Africa/stock.adobe.com; frische Minze: © Africa Studio/stock.adobe.com
S. 30: Erdmandelflocken: © ExQuisine/stock.adobe.com; Wasser: © Gresei/stock.adobe.com; Karotten: © angorius/stock.adobe.com; Apfel: © Markus Mainka (www.markus-mainka.de)/stock.adobe.com; Walnüsse: © Dmytro/stock.adobe.com
S. 32: Bananen: © Yeti Studio/stock.adobe.com; Himbeeren: © maria_bk/stock.adobe.com; Babyspinat: © New Africa/stock.adobe.com; Basilikum: © Dionisvera/stock.adobe.com; Erdmandelflocken: © ExQuisine/stock.adobe.com
S. 34: Wildkräuter: © ExQuisine/stock.adobe.com; Äpfel: © alexgold/stock.adobe.com; Mandeln: © Moving Moment/stock.adobe.com
S. 36: Äpfel: © bergamont/stock.adobe.com; Karotten: © SunnyS/stock.adobe.com; Zitronenmelisse: © Melinda Fawver/stock.adobe.com
S. 38: Eisbergsalat: © Viktor Lugovskoy/stock.adobe.com; Karotten: © angorius/stock.adobe.com; Erbsensprossen: © boonchuay1970/stock.adobe.com
S. 40: Wildkräutersalat: © ExQuisine/stock.adobe.com; Karotten: © angorius/stock.adobe.com; Radieschen: © Cherries/stock.adobe.com; Macadamianüsse: © Nikolay/stock.adobe.com
S. 42: Rettich: © sommai/stock.adobe.com; Wildkräuter: © ExQuisine/stock.adobe.com; Chicorée: © Xavier/stock.adobe.com; Apfel: © Markus Mainka (www.markus-mainka.de)/stock.adobe.com
S. 44: Rucola: © Jiri Hera/stock.adobe.com; Basilikum: © Dionisvera/stock.adobe.com; Macadamianüsse: © Nikolay/stock.adobe.com
S. 46: Pastinaken: © Eva Gruendemann/stock.adobe.com; Karotten: © angorius/stock.adobe.com; Zwiebeln: © Vadym Boyshenko/stock.adobe.com; Rosmarin: © margo555/stock.adobe.com; Thymian: © Robyn Mackenzie/stock.adobe.com
S. 48: Paranüsse: © New Africa/stock.adobe.com; Knollensellerie: © Dmytro/stock.adobe.com; Apfel: © Natalja Stotika/stock.adobe.com; Petersilie: © New Africa/stock.adobe.com
S. 50: Feldsalat: © rdnzl/stock.adobe.com; Zwiebel: © Krakenimages.com/stock.adobe.com; Walnüsse: © Tatyana Sidyukova/stock.adobe.com; Petersilie: © New Africa/stock.adobe.com
S. 52: Rote Bete: © ilietus/stock.adobe.com; Babyspinat: © New Africa/stock.adobe.com; Apfel: © Markus Mainka (www.markus-mainka.de)/stock.adobe.com; Rettichsprossen: © fotofabrika/stock.adobe.com
S. 54: Sesam: © Viktor/stock.adobe.com; Karotten: © OLESYA TSEYTLIN/stock.adobe.com; Kresse: © cristi180884/stock.adobe.com
S. 56: Kartoffeln: © Natika/stock.adobe.com; Zwiebel: © Ekaterina/stock.adobe.com; Frühlingslauch: © sucharat/stock.adobe.com; Petersilie: © New Africa/stock.adobe.com
S. 58: Kartoffeln: © mbongo/stock.adobe.com; Karotte: © Valentina R./stock.adobe.com; Zwiebel: © Vadym Boyshenko/stock.adobe.com; Zwiebel (rot): © Ekaterina/stock.adobe.com; Kresse: © cristi180884/stock.adobe.com
S. 60: Karotten: © Natika/stock.adobe.com; Zwiebel: © Vadym Boyshenko/stock.adobe.com; Apfel: © Markus Mainka (www.markus-mainka.de)/stock.adobe.com
S. 62: Kartoffeln: © sp4764/stock.adobe.com; Zwiebel: © Vadym Boyshenko/stock.adobe.com; Spinat: © New Africa/stock.adobe.com; Schnittlauch: © Gunter Kremer/stock.adobe.com
S. 64: Kartoffeln: © sp4764/stock.adobe.com; Zwiebel: © Vadym Boyshenko/stock.adobe.com; Schnittlauch: © Gunter Kremer/stock.adobe.com
S. 66: Schalotte: © Bert Folsom/stock.adobe.com; Kartoffel: © sommai/stock.adobe.com; Mandelblättchen: © ozmen/stock.adobe.com
S. 68: Süßkartoffel: © nd700/stock.adobe.com; Zwiebel: © Vadym Boyshenko/stock.adobe.com; Basilikum: © Dionisvera/stock.adobe.com
S. 70: Stangensellerie: © kovaleva_ka/stock.adobe.com; Äpfel: © Africa Studio/stock.adobe.com; Erdmandelflocken: © ExQuisine/stock.adobe.com; Basilikum: © Dionisvera/stock.adobe.com
S. 72: Rote Bete: © ilietus/stock.adobe.com; Kartoffel: © sommai/stock.adobe.com; Zwiebel: © Vadym Boyshenko/stock.adobe.com; Apfel: © Markus Mainka (www.markus-mainka.de)/stock.adobe.com; Meerrettich: © kolesnikovserg/stock.adobe.com; Petersilie: © jrpg/stock.adobe.com
S. 74: Mandelmilch: © Pixel-Shot/stock.adobe.com; Mandeln: © spaxiax/stock.adobe.com; Dinkelmehl: © kolesnikovserg/stock.adobe.com; Radieschen: © Cherries/stock.adobe.com; Flohsamenschalen: © canyonos/stock.adobe.com
S. 76: Süßkartoffeln: © nd700/stock.adobe.com; Urkarotte: © ArtCook-Studio/stock.adobe.com; Fenchel: © kolesnikovserg/stock.adobe.com; Frühlingslauch: © sucharat/stock.adobe.com
S. 78: Kartoffeln: © Natika/stock.adobe.com; Karotten: © OLESYA TSEYTLIN/stock.adobe.com; Gartenkresse: © cristi180884/stock.adobe.com
S. 80: Shitake-Pilze: © volff/stock.adobe.com; Lauch: © PhotoEd/stock.adobe.com

S. 82: Karotten: © pamela_d_mcadams/stock.adobe.com; Kartoffeln: © oqba/stock.adobe.com; Fenchel: © MP2/stock.adobe.com; Schnittlauch: © Gunter Kremer/stock.adobe.com
S. 84: Karotten (violett): © ArtCookStudio/stock.adobe.com; Karotte: © Valentina R./stock.adobe.com; Pastinake: © sarahdoow/stock.adobe.com; Sellerie: © Dmytro/stock.adobe.com; Zwiebel: © Vadym Boyshenko/stock.adobe.com
S. 86: Süßkartoffel: © Creatus/stock.adobe.com; Karotte: © Valentina R./stock.adobe.com; Mandelmilch: © Pixel-Shot/stock.adobe.com
S. 88: Karotten (gelb): © New Africa/stock.adobe.com; Karotten: © angorius/stock.adobe.com; Petersilie: © New Africa/stock.adobe.com; Sprossen: © moonrise/stock.adobe.com; Buchweizen: © Sanja/stock.adobe.com
S. 90: Kartoffel: © sommai/stock.adobe.com; Pastinaken: © Eva Gruendemann/stock.adobe.com; Salbeiblätter: © boonchuay1970/stock.adobe.com
S. 92: Süßkartoffeln: © nd700/stock.adobe.com; Kartoffel: © sommai/stock.adobe.com; Rosmarin: © margo555/stock.adobe.com; Thymian: © Robyn Mackenzie/stock.adobe.com; Mandelmilch: © Pixel-Shot/stock.adobe.com
S. 94: Karotten: © angorius/stock.adobe.com; Pastinake: © sarahdoow/stock.adobe.com; Rote Beete: © ilietus/stock.adobe.com; Rosmarin: © margo555/stock.adobe.com; Kalamata-Oliven: © Moving Moment/stock.adobe.com
S. 96: Süßkartoffel: © nd700/stock.adobe.com; Fenchel: © MP2/stock.adobe.com; Basilikum: © Dionisvera/stock.adobe.com
S. 98: Kartoffeln: © sp4764/stock.adobe.com; Rosmarin: © margo555/stock.adobe.com; Zwiebel: © Vadym Boyshenko/stock.adobe.com; Radicchio: © boonchuay1970/stock.adobe.com
S. 100: Zwiebeln: © BillionPhotos.com/stock.adobe.com; Haferflocken: © rdnzl/stock.adobe.com; Rosmarin: © margo555/stock.adobe.com; Thymian: © Robyn Mackenzie/stock.adobe.com; Petersilie: © New Africa/stock.adobe.com
S. 102: Karotte: © Valentina R./stock.adobe.com; Pastinake: © sarahdoow/stock.adobe.com; Frühlingslauch: © sucharat/stock.adobe.com; Sesam: © Viktor/stock.adobe.com; Sojabohnenkeimlinge: © boonchuay 1970/stock.adobe.com
S. 104: Süßkartoffeln: © kolesnikovserg/stock.adobe.com; Äpfel: © Natalja Stotika/stock.adobe.com; Mandeln: © spaxiax/stock.adobe.com
S. 106: Kartoffel: © sommai/stock.adobe.com; Karotte: © Valentina R./stock.adobe.com; Petersilie: © New Africa/stock.adobe.com; Schnittlauch: © Gunter Kremer/stock.adobe.com; Frühlingslauch: © sucharat/stock.adobe.com
S. 108: Kartoffeln: © sp4764/stock.adobe.com; Radieschen: © Cherries/stock.adobe.com; Lauch: © PhotoEd/stock.adobe.com
S. 110: Karotten: © OLESYA TSEYTLIN/stock.adobe.com; Kartoffeln: © Natika/stock.adobe.com; Basilikum: © Dionisvera/stock.adobe.com
S. 112: Mandeln: © spaxiax/stock.adobe.com; Erdmandelflocken: © ExQuisine/stock.adobe.com; Zwiebel: © Vadym Boyshenko/stock.adobe.com; Petersilie: © New Africa/stock.adobe.com
S. 114: Kartoffeln: © mbongo/stock.adobe.com; Haferflocken: © rdnzl/stock.adobe.com; Kresse: © cristi 180884/stock.adobe.com
S. 116: Süßkartoffeln: © kolesnikovserg/stock.adobe.com; Romanaherzen: © anusorn/stock.adobe.com; Basilikum: © Dionisvera/stock.adobe.com
S. 118: Karotten: © OLESYA TSEYTLIN/stock.adobe.com; Frühlingslauch: © sucharat/stock.adobe.com; Shiitakepilze: © volff/stock.adobe.com; Petersilie: © New Africa/stock.adobe.com
S. 120: Petersilie: © New Africa/stock.adobe.com; Basilikum: © Dionisvera/stock.adobe.com; Knollensellerie: © Dmytro/stock.adobe.com; Mandeln: © spaxiax/stock.adobe.com; Dinkelmehl: © kolesnikovserg/stock.adobe.com; Erdmandelflocken: © ExQuisine/stock.adobe.com
S. 122: Haferflocken: © rdnzl/stock.adobe.com; Mandeln: © Moving Moment/stock.adobe.com; Leinsamen: © dule964/stock.adobe.com; Bananen: © Yury Zap/stock.adobe.com
S. 124: Erdmandelflocken: © ExQuisine/stock.adobe.com; Apfel: © Markus Mainka (www.markus-mainka.de)/stock.adobe.com; Himbeeren: © maria_bk/stock.adobe.com; Minze: © Africa Studio/stock.adobe.com

Bibliografische Information der Deutschen Nationalbibliothek
Die Deutsche Nationalbibliothek verzeichnet diese Publikation in der Deutschen Nationalbibliografie; detaillierte bibliografische Daten sind im Internet über http://dnb.d-nb.de abrufbar.

Programmplanung: Uta Spieldiener
Projektmanagement: Sabine Ilg
Redaktion: Dr. Gabriele Schweickhardt, Frankfurt am Main
Bildredaktion: Christoph Frick, Caroline Merdian
Umschlaggestaltung: © Thieme
Layout: CYCLUS · Visuelle Kommunikation
Konzeption Layout Rezeptseiten: Daniela Sonntag

Bildnachweis:
Umschlagmotiv und Bild S. 3: Daniela Sonntag unter Verwendung von: © Dionisvera/stock.adobe.com (Basilikum), © mates/stock.adobe.com (Kartoffeln)
Fotos im Innenteil:
Rezeptfotografien: Daniela Sonntag
Styling: Stephanie Türck
Zutatenfotos: stock.adobe.com (ausführliches Quellenverzeichnis S. 126)
Illustrationen: Daniela Sonntag

1. Auflage 2022

TRIAS Verlag in Georg Thieme Verlag KG
Rüdigerstraße 14, 70469 Stuttgart, Germany
www.trias-verlag.de

Printed in Germany

Satz und Repro: Fotosatz Buck, Kumhausen
Druck: AZ Druck und Datentechnik GmbH, Kempten

Gedruckt auf chlorfrei gebleichtem Papier

ISBN 978-3-432-11515-3 5 6

Auch erhältlich als E-Book:
eISBN (ePDF) 978-3-432-11516-0

Wichtiger Hinweis: Wie jede Wissenschaft ist die Medizin ständigen Entwicklungen unterworfen. Forschung und klinische Erfahrung erweitern unsere Erkenntnisse. Ganz besonders gilt das für die Behandlung und die medikamentöse Therapie. Bei allen in diesem Werk erwähnten Dosierungen oder Applikationen, bei Rezepten und Übungsanleitungen, bei Empfehlungen und Tipps dürfen Sie darauf vertrauen: Autoren, Herausgeber und Verlag haben große Sorgfalt darauf verwandt, dass diese Angaben dem Wissensstand bei Fertigstellung des Werkes entsprechen. Rezepte werden gekocht und ausprobiert. Übungen und Übungsreihen haben sich in der Praxis erfolgreich bewährt.

Eine Garantie kann jedoch nicht übernommen werden. Eine Haftung des Autors, des Verlags oder seiner Beauftragten für Personen-, Sach- oder Vermögensschäden ist ausgeschlossen.

Marken, geschäftliche Bezeichnungen oder Handelsnamen werden nicht in jedem Fall besonders kenntlich gemacht. Aus dem Fehlen eines solchen Hinweises kann nicht geschlossen werden, dass es sich um einen freien Handelsnamen handelt.

Thieme wendet sich gleichermaßen an Menschen jeder Geschlechtsidentität und nennt Autor*innen konkrete Beispiele, wie sie alle Lesenden gleichberechtigt ansprechen können. Die Ansprache aller Menschen ist ausdrücklich auch dort intendiert, wo im Text (etwa aus Gründen der Leseleichtigkeit, des Text-Umfangs oder des situativen Stil-Empfindens) z. B. nur ein generisches Maskulinum verwendet wird.